"জাগতিক প্রতিকূলতা

বনাম

বিশ্বাস"

<u>প্রথম সংস্করণ</u>

লেখক – ভাস্কর বসাক

এই গ্রন্থের কোনো অংশ লেখকের লিখিত অনুমতি ছাড়া কোনোভাবে অনুলিপি ও প্রকাশ করা যাবে না।

লেখক পরিচিতি

ভাস্কর বসাক একজন খ্রীষ্টের সুসমাচার প্রচারক, যিনি পশ্চিমবঙ্গের বীরভূম জেলার সিউড়ি শহরে জন্মগ্রহন করেন এবং সাঁইথিয়া শহরে বেড়ে ওঠেন। তিনি সুসমাচার প্রচারক হিসেবে পরিচিত এবং তার বিশ্বাসের

অভিজ্ঞতা তিনি তার ব্লগে বিস্তারিতভাবে শেয়ার করেছেন এবং তা এই পুস্তকের শেষের দিকে উদ্ধৃত করা হয়েছে।

জীবনকাহিনী ও বিশ্বাসের অভিজ্ঞতা:-

ভাস্কর বসাক একটি হিন্দু পরিবারে জন্মগ্রহণ করেন এবং ছোটবেলা থেকেই বাজনার প্রতি তার আগ্রহ ছিল। সুতরাং তার মা তাকে একটি স্থানীয় মণ্ডলীর ইভ্যাঞ্জেলিস্টের কাছে বাজনা শেখার জন্য পাঠান। এই প্রক্রিয়ায় তিনি প্রভু যীশুর সুসমাচারের সাথে পরিচিত হন। একটি ছবি দেখে যীশু খ্রীষ্টের প্রতি তার আগ্রহ জন্মায়, এবং বাইবেল অধ্যয়নের মাধ্যমে তিনি বিশ্বাসে দৃঢ় হন। তার জীবনে একটি বিশেষ অভিজ্ঞতা ঘটে যখন তিনি ট্রেনে চড়ে

সাঁইথিয়া থেকে ধানিয়াখালি যাচ্ছিলেন, এবং চলন্ত ট্রেন থেকে প্লাটফর্মে পড়ে যাওয়ার পরও অক্ষত অবস্থায় বেঁচে যান। এটি তিনি ঈশ্বরের আশীর্বাদ ও অনুগ্রহ হিসেবে বিবেচনা করেন এবং ২০১৭ সালে বাপ্তিস্ম গ্রহণ করেন। তিনি সমাজে খ্রীষ্টের প্রেমের বার্তা প্রচারে নিজেকে নিয়োজিত করেছেন।

খ্রীষ্টীয় কার্যক্রম:-

ভাস্কর বসাক বিভিন্ন খ্রীষ্টীয় সম্মেলন ও ইভ্যাঞ্জেলিস্টিক কার্যক্রমে অংশগ্রহণ করেন। তিনি বাইবেল শিক্ষা ও খ্রীষ্টের প্রচারে নিবেদিত। ২০২৩ সালে তিনি **ইউসেবিয়াসের** লেখা **"দ্য চার্চ হিস্ট্রি"** বইটির তিনটি খণ্ড ইংরেজি **(English Translated by Arthur Cushman McGiffert)** থেকে

বাংলায় অনুবাদ করেন, যা এখন অনলাইনে উপলব্ধ রয়েছে।

অনলাইন উপস্থিতি:-

ভাস্কর বসাক তার সামাজিক মাধ্যম ও "BSB Bengali Christian Articles" (bsbbca.blogspot.com) ব্লগের মাধ্যমে বাইবেল শিক্ষা, খ্রীষ্টীয় নিবন্ধ এবং অন্যান্য বাইবেল সম্বন্ধীয় বিষয় নিয়ে লেখালেখি করেন। তিনি তার বিশ্বাস ও অভিজ্ঞতা শেয়ার করার মাধ্যমে সমাজে খ্রীষ্টের বার্তা প্রচার করছেন। তার জীবন ও কার্যক্রম যীশুর প্রতি তার বিশ্বাস ও সমাজে ঈশ্বরের প্রেমের বার্তা ছড়িয়ে দেওয়ার প্রচেষ্টাকে প্রতিফলিত করে।

ভূমিকা

বিশ্বাস মানুষের আত্মিক জীবনের ভিত্তি। তবে বাস্তব জীবনে যখন জাগতিক প্রতিকূলতা আসে—অর্থনৈতিক সংকট, মানসিক চাপে ভোগা, সম্পর্কের জটিলতা বা শারীরিক অসুস্থতা—তখন বিশ্বাস ধরে রাখা অনেক সময় সহজ হয়ে ওঠে না। অনেকেই এই কঠিন সময়ে ঈশ্বরের পরিকল্পনা সম্পর্কে

সন্দিহান হয়ে পড়েন। মনে হতে পারে, ঈশ্বর হয়তো আমাদের প্রার্থনার উত্তর দিচ্ছেন না, বা তিনি আমাদের জীবন সম্পর্কে উদাসীন। কিন্তু বাইবেল আমাদের শিক্ষা দেয় যে ঈশ্বর সর্বদা আমাদের সঙ্গে আছেন এবং আমাদের মঙ্গলের জন্য কাজ করে চলেছেন, যদিও আমরা অনেক সময় তা বুঝতে অক্ষম থাকি। এই পুস্তকে আমরা আলোচনা করবো যে, কীভাবে কঠিন সময়েও যীশুর প্রতি আমরা আমাদের বিশ্বাসকে ধরে রাখতে পারি। বাইবেল থেকে শিক্ষা গ্রহণ করে এবং আধ্যাত্মিক শৃঙ্খলা অবলম্বন করে কীভাবে একজন খ্রীষ্ট বিশ্বাসী তার জীবনের নানান প্রতিকূলতার মধ্যেও স্থির থাকতে পারেন, তার পথনির্দেশ এই পুস্তকে আপনি পেতে চলেছেন। বিশ্বাসকে দৃঢ় রাখার জন্য প্রার্থনা,

পবিত্র শাস্ত্র অধ্যয়ন এবং খ্রীষ্টীয় সহভাগিতায় সংযুক্ত থাকা অপরিহার্য। যখন আমরা ঈশ্বরের বাক্যের উপরে মনোনিবেশ করি, তখন আমাদের অন্তরে শক্তি ও শান্তির আগমন ঘটে। আমরা বুঝতে পারি, আমাদের কষ্টগুলি সাময়িক এবং ঈশ্বরের পরিকল্পনা চিরস্থায়ী ও মঙ্গলজনক। এই পুস্তকের প্রতিটি অধ্যায়ে বাস্তব জীবনের উদাহরণ এবং বাইবেলীয় শিক্ষা তুলে ধরা হয়েছে, যা পাঠককে সাহায্য করবে কঠিন পরিস্থিতিতেও বিশ্বাসে অবিচল থাকতে। যীশুর প্রতি আমাদের বিশ্বাস শুধু সুখের মুহূর্তেই নয়, বরং দুঃখ-দুর্দশার মধ্যেও আমাদের শক্তি ও আনন্দের উৎস হতে পারে। ঈশ্বরের প্রতি আস্থাশীল থেকে কীভাবে প্রতিদিনের সংগ্রামে

বিজয়ী হওয়া যায়, সেই নির্দেশনাই এই পুস্তকের মূল উদ্দেশ্য।

অধ্যায় ১

বিশ্বাসের ভিত্তি

বিশ্বাস ছাড়া ঈশ্বরকে সন্তুষ্ট করা অসম্ভব (ইব্রীয় ১১:৬)। যীশু খ্রীষ্ট হলেন আমাদের বিশ্বাসের ভিত্তি। তাঁর পুনরুত্থান আমাদের

বিশ্বাসকে আরও অধিক জোরালো করে তুলেছে। জীবনের ঝড়-ঝাপটায় আমাদের বিশ্বাসকে টিকিয়ে রাখার জন্য তাঁর বাক্যের উপর ভিত্তি স্থাপন করা আবশ্যক।

১.১. বিশ্বাসের প্রকৃতি:-

বিশ্বাসের অর্থ শুধু মান্য করা নয়; বিশ্বাস মানে সম্পূর্ণরূপে নির্ভর করা। খ্রীষ্টীয় বিশ্বাস শুদ্ধ আত্মসমর্পণ এবং যীশুর প্রতি নির্ভরতায় পরিপূর্ণ। এটি এমন একটি আস্থা, যা আমাদের মন, হৃদয় এবং কর্মে প্রতিফলিত হয়। বাইবেল আমাদের শিক্ষা দেয় যে, বিশ্বাস কেবল মানসিক সম্মতি নয়, বরং এটি এমন একটি কার্যকর জীবনযাপন, যেখানে প্রতিটি পদক্ষেপে আমরা ঈশ্বরের উপর নির্ভর করি।

১.২. বিশ্বাসের মূল ভিত্তি:-

খ্রীষ্টীয় বিশ্বাসের মূল ভিত্তি হল আমাদের প্রভু যীশু খ্রীষ্ট। তাঁর মৃত্যু এবং পুনরুত্থানের মাধ্যমে তিনি আমাদের পরিত্রান লাভের পথ তৈরী করে দিয়েছেন। যারা তাঁকে বিশ্বাস করেন, তাদের অনন্তকালের জীবন লাভের প্রতিশ্রুতি দেওয়া হয়েছে যোহন লিখিত সুসমাচার ৩ অধ্যায় ১৬ পদে। বাইবেলের এই পদটি আমাদের নিজস্ব শক্তির উপরে নির্ভরশীল না হয়ে ঈশ্বরের ক্ষমা, দয়া এবং অনুগ্রহের ওপর সম্পূর্ণ নির্ভরশীল হবার আহ্বান জানায়।

১.৩. বিশ্বাসের অর্থ আত্মসমর্পণ:-

সত্যিকারের বিশ্বাস আত্মসমর্পণ ছাড়া সম্ভব নয়। অর্থাৎ, আমাদের নিজস্ব ইচ্ছা,

পরিকল্পনা এবং চিন্তাকে যীশুর হাতে তুলে দেওয়া। এখানে আত্মসমর্পণের অর্থ আমাদের জীবনের প্রতিটি ক্ষেত্রেই যীশুকে সর্বাগ্রে ও সর্বোচ্চ স্থান দেওয়া।

ইফিষীয় ২ অধ্যায় ৮ থেকে ৯ পদে বলা হয়েছে –

"কেননা অনুগ্রহেই, বিশ্বাস দ্বারা তোমরা পরিত্রাণ পাইয়াছ; এবং ইহা তোমাদের হইতে হয় নাই, ঈশ্বরেরই দান; তাহা কর্ম্মের ফল নয়, যেন কেহ শ্লাঘা না করে।"

১.৪. বিশ্বাসের অর্থ নির্ভরশীল হওয়া :-

বিশ্বাসের আরেকটি গুরুত্বপূর্ণ দিক হল ঈশ্বরের প্রতি নির্ভরশীল হওয়া। জীবনের কঠিন মুহূর্তে যখন আমরা দুর্বল হয়ে পড়ি,

তখন আমাদের শক্তির উৎস যীশু এবং তাঁর বাক্য। বিশ্বাস মানে নিজের সীমাবদ্ধতার বাইরে গিয়ে ঈশ্বরের অসীম ক্ষমতার উপর ভরসা করা।

যেমন, ইব্রীয় ১১ অধ্যায় ১ পদে বলা হয়েছে –

"আর বিশ্বাস প্রত্যাশিত বিষয়ের নিশ্চয়জ্ঞান, অদৃশ্য বিষয়ের প্রমাণ প্রাপ্তি।"

১.৫. বিশ্বাসের দৈনন্দিন বাস্তবায়নঃ-

প্রতিদিনের জীবনে বিশ্বাস মানে ঈশ্বরের প্রতি আস্থাশীলভাবে জীবনযাপন করা। এটি প্রার্থনা, পবিত্র শাস্ত্র পাঠ, এবং খ্রীষ্টীয় সহভাগিতায় সংযুক্ত থাকার মাধ্যমে গভীরতর হয়ে ওঠে। যখন আমরা বিশ্বাসে দৃঢ় হই,

তখন আমাদের অন্তরে শান্তি ও আশার সঞ্চার হয়।

এই অধ্যায়ে আমরা আরও আলোচনা করবো যে, কীভাবে খ্রীষ্টীয় বিশ্বাস শুধুমাত্র তাত্ত্বিক ধারণা নয়, বরং এটি একটি কার্যকর জীবনের ভিত্তি। বিশ্বাসের প্রকৃত অর্থ যদি আমরা বুঝতে পারি, তবে আমরা কঠিন পরিস্থিতিতেও যীশুর প্রতি আমাদের আস্থা অটুট রাখতে শিখবো।

১.৬. কঠিন সময়ে বিশ্বাসের ভূমিকাঃ-

যখন আমাদের বিশ্বাস পরীক্ষীত হয়, তখনই স্পষ্ট হয়ে ওঠে যে তা কতটা দৃঢ়। জীবনে সঙ্কটের দ্বারা ঈশ্বর আমাদের পরীক্ষা করতে পারেন, কিন্তু তবুও তিনি কখনও আমাদের ত্যাগ করেন না (ইব্রীয় ১৩:৫)। খ্রীষ্টীয় বিশ্বাস

কোনো সহজ পথ নয়; বরং এটি এমন একটি যাত্রা, যেখানে আমাদের বিভিন্ন সংগ্রাম ও প্রতিকূলতার মুখোমুখি হতে হয়। এই কঠিন সময়গুলিতে আমাদের বিশ্বাস শুধুমাত্র একটি অনুভূতি নয়— এটি দৃঢ় আস্থা এবং ঈশ্বরের প্রতি নির্ভরতার প্রকাশ।

১.৭. বিশ্বাসের পরীক্ষা হবার কারনঃ-

কঠিন সময়ে ঈশ্বর আমাদের বিশ্বাসকে পরীক্ষা করেন, যাতে আমাদের আত্মিক পরিপক্কতা আরও বৃদ্ধি পেতে পারে।

যেমন, যাকোব ১ অধ্যায় ২ থেকে ৩ পদে বলা হয়েছে –

"হে আমার ভ্রাতৃগণ, তোমরা যখন নানাবিধ পরীক্ষায় পড়, তখন তাহা সর্ব্বতোভাবে

আনন্দের বিষয় জ্ঞান করিও; জানিও, তোমাদের বিশ্বাসের পরীক্ষাসিদ্ধতা ধৈর্য্যসাধন করে।"

এই পরীক্ষাগুলি আমাদের চরিত্রকে গঠন করে, ঈশ্বরের প্রতি আমাদের আস্থা দৃঢ় করে তোলে এবং আমাদের বিশ্বাসকে আরও পরিশুদ্ধ করে। যেমন সোনা আগুনে পরিশুদ্ধ হয়, তেমনই বিশ্বাসও পরীক্ষার মধ্য দিয়ে পরিশুদ্ধ হয় (১ পিতর ১:৭)।

১.৪. কঠিন সময়ে ঈশ্বরের উপস্থিতি:-

যখন জীবন কঠিন হয়ে ওঠে, তখন মনে হতে পারে ঈশ্বর আমাদের ভুলে গেছেন বা ত্যাগ করেছেন। কিন্তু বাইবেল স্পষ্টভাবে ঘোষণা করে যে, তিনি কখনও আমাদের একা করে দেন না।

যিশাইয় ৪১ অধ্যায় ১০ পদে ঈশ্বর আশ্বাস দেন –

"ভয় করিও না, কারণ আমি তোমার সঙ্গে সঙ্গে আছি; ব্যাকুল হইও না, কারণ আমি তোমার ঈশ্বর; আমি তোমাকে পরাক্রম দিব; আমি তোমার সাহায্য করিব; আমি আপন ধর্ম্মশীলতার দক্ষিণ হস্ত দ্বারা তোমাকে ধরিয়া রাখিব।"

এই প্রতিশ্রুতি আমাদের মনে করিয়ে দেয় যে, ঈশ্বর শুধু আমাদের পরীক্ষা করেন না, বরং তিনি আমাদের সহায়ক এবং রক্ষকও। যখন আমরা ভেঙে পড়ি, তিনি আমাদের শক্তি জোগান; যখন আমরা পথ হারাই, তিনি আমাদের পথ দেখান।

১.৯. বিশ্বাসের মাধ্যমে স্থিতিশীল থাকা:-

কঠিন সময়ে স্থির থাকার জন্য আমাদের বিশ্বাসের উপর ভিত্তি করে দাঁড়াতে হবে। এর জন্য তিনটি বিষয় গুরুত্বপূর্ণ:

(ক) প্রার্থনাঃ- ঈশ্বরের সঙ্গে ঘনিষ্ঠ সম্পর্ক গড়ে তোলার জন্য প্রার্থনার বিকল্প নেই। কঠিন সময়ে আন্তরিক প্রার্থনা বা ব্যক্তিগত প্রার্থনা আমাদের মনকে শান্ত করে এবং ঈশ্বরের ইচ্ছা উপলব্ধি করতে সাহায্য করে (ফিলিপীয় ৪:৬-৭)।

(খ) পবিত্র শাস্ত্র পাঠঃ- ঈশ্বরের বাক্য আমাদের জীবনের আলোকবর্তিকা (গীতসংহিতা ১১৯:১০৫)। বাইবেল অধ্যয়ন আমাদের কঠিন সময়ে সঠিক পথ দেখায় এবং আমাদের বিশ্বাসকে দৃঢ় ও মজবুত করে তোলে। পবিত্র বাইবেল শুধুমাত্র একটি

ধর্মগ্রন্থ নয়, এটি জীবনের প্রতিটি পর্যায়ে আমাদের জন্য এক জীবন্ত দিকনির্দেশনা, যা অন্ধকারে আলোর মতো পথ প্রদর্শন করে। ঈশ্বরের বাক্য আমাদের পথের বাধা চিহ্নিত করতে সাহায্য করে এবং আমাদের সঠিক পথে চালিত করে।

(গ) খ্রীষ্টীয় সহভাগিতাঃ- এই জগতে যতজন খ্রীষ্ট বিশ্বাসী রয়েছেন, তারা প্রত্যেকেই আপনার বিশ্বাসের সহযাত্রী এবং আমাদের প্রভু যীশু খ্রীষ্টের দেহের অঙ্গ। তাই বিশ্বাসের সহযাত্রীদের সঙ্গে সংযুক্ত থাকা আমাদেরকে উৎসাহিত করে এবং একে অপরের সাথে অনুপ্রেরনার আদানপ্রদান ঘটে। এছারাও কঠিন সময়ে খ্রীষ্টীয় সহভাগিতা আমাদের সান্ত্বনা দান করে এবং আমাদের বিশ্বাসে

স্থির থাকতে সাহায্য করে, যা খ্রীষ্টের ব্যবস্থাকে পূর্ণতা দেয় (গালাতীয় ৬:২)।

১.১০. কঠিন সময়ে বিশ্বাসের ফলাফল:-

যারা প্রতিকূলতার মধ্যেও বিশ্বাস ধরে রাখেন, তারা আধ্যাত্মিকভাবে সমৃদ্ধ হন। ঈশ্বরের প্রতি অবিচল আস্থা আমাদের মনে শান্তি নিয়ে আসে এবং চূড়ান্ত বিজয়ের নিশ্চয়তা দান করে।

যেমন, রোমীয় ৮ অধ্যায় ২৮ পদে বলা হয়েছে –

"আর আমরা জানি, যাহারা ঈশ্বরকে প্রেম করে, যাহারা তাঁহার সঙ্কল্প অনুসারে আহূত, তাহাদের পক্ষে সকলই মঙ্গলার্থে একসঙ্গে কার্য্য করিতেছে।"

এই পদটি আমাদের মনে করিয়ে দেয় যে, ঈশ্বর আমাদের জীবনের প্রতিটি অভিজ্ঞতা— এমনি দুঃখজনক ও কঠিন ঘটনাগুলিকেও একত্রে ব্যবহার করেন আমাদের চূড়ান্ত মঙ্গলের জন্য। তাই এমন সময়েও, যখন আমরা বুঝতে পারি না যে কেন আমাদের জীবনে এত বাজে কিছু ঘটছে, তখনও আমরা জানি যে ঈশ্বরের পরিকল্পনা আমাদের কল্যাণের জন্যই কার্য করে চলেছে।

যখন আমরা দুঃসময়ে ঈশ্বরে নির্ভর করি, তখন আমরা দেখি কীভাবে তিনি আমাদের জন্য দ্বার খুলে দেন, যা আমরা নিজেরা কখনো খুলতে সক্ষম নই। সেই মুহূর্তগুলি আমাদের মনে করিয়ে দেয়— আমরা একা নই, বরং ঈশ্বর আমাদের সাথে আছেন। আর

এইভাবেই, প্রতিকূলতার মধ্যেও বিশ্বাস আমাদের নিয়ে যায় চূড়ান্ত বিজয়ের দিকে। এই বিজয় শুধু পার্থিব নয় কিন্তু চিরস্থায়ী। বিশ্বাস আমাদের ভেতরে তৈরী করে এক অদ্ভুত শান্তি ও এক অদৃশ্য শক্তি, যার দ্বারা আমরা জীবনসংগ্রামে জয়লাভ করতে সক্ষম হই।

অধ্যায় ২

প্রতিকূলতার মুখোমুখি হওয়া

খ্রীষ্টীয় জীবন সহজ নয়। বাইবেল আমাদের সতর্ক করেছে যে বিশ্বাসের পথ সংকীর্ণ এবং কষ্টকর (মথি ৭:১৪)।

২.১. সাধারন প্রতিকূলতা:-

মানুষের জীবনে প্রতিকূলতা নতুন কিছু নয়। পৃথিবীতে আমাদের যাত্রাপথ সর্বদা মসৃণ নয়; বরং বিভিন্ন সময়ে আমরা নানারকম সংগ্রাম ও বাধার সম্মুখীন হই। খ্রীষ্ট বিশ্বাসী হিসেবে এই সংগ্রাম ও বাধাগুলি আমাদের বিশ্বাসকে পরীক্ষা করে এবং ঈশ্বরের প্রতি আমাদের নির্ভরতা বাড়িয়ে তোলে। এই অধ্যায়ে আমরা তিনটি সাধারণ প্রতিকূলতা নিয়ে আলোচনা করবো, যেমন— আর্থিক সংকট, সম্পর্কের টানাপোড়েন, এবং শারীরিক অসুস্থতা— এবং দেখবো কীভাবে খ্রীষ্টের প্রতি বিশ্বাস

আমাদের এই পরিস্থিতিতে স্থির থাকতে সাহায্য করে।

(ক) আর্থিক সংকটঃ– আর্থিক সংকট একজন মানুষের জীবনে বড় ধরনের চাপ সৃষ্টি করতে পারে। যখন জীবনযাত্রার ব্যয় বৃদ্ধি পায়, আয় কমে যায়, বা ঋণের ভার বৃদ্ধি পায়, তখন মানসিক চাপও বৃদ্ধি পায় এবং বিশ্বাসও টলমল করে ওঠে। অনেক সময় মনে হয়, ঈশ্বর আমাদের দেখছেন না বা আমাদের চাহিদাগুলি পূরণ করছেন না। তাই অনেক সময় আমাদের আস্থা প্রাণহীন হতে শুরু করে। আমার জীবনে দেখা বেশ কয়েকজন বিশ্বাসী আজ তাদের বিশ্বাসকে টিকিয়ে রাখতে অক্ষম হয়েছেন কেবলমাত্র এই আর্থিক সঙ্কটের কারণে।

মথি ৬ অধ্যায় ৩১ থেকে ৩৩ পদে যীশু বলেছেন:-

"অতএব ইহা বলিয়া ভাবিত হইও না যে, 'কি ভোজন করিব?' বা 'কি পান করিব?' বা 'কি পরিব?' কেননা পরজাতীয়েরাই এই সকল বিষয় চেষ্টা করিয়া থাকে; তোমাদের স্বর্গীয় পিতা ত জানেন যে, এই সকল দ্রব্যে তোমাদের প্রয়োজন আছে। কিন্তু তোমরা প্রথমে তাঁহার রাজ্য ও তাঁহার ধার্ম্মিকতার বিষয়ে চেষ্টা কর, তাহা হইলে ঐ সকল দ্রব্যও তোমাদিগকে দেওয়া হইবে।"

এই পদগুলি আমাদের মনে করিয়ে দেয় যে, আমাদের প্রথম লক্ষ্য হওয়া উচিত ঈশ্বরের রাজ্যে মনোযোগ দেওয়া এবং তাঁর

ধার্মিকতার অন্বেষণ করা। যখন আমরা তাঁকে অগ্রাধিকার দিই, তখন তিনি আমাদের সবকিছুই আমাদের প্রয়োজন অনুসারে সরবরাহ করেন।

<u>প্রার্থনার মাধ্যমে তাঁর উপর নির্ভর করুন:-</u> আপনার অর্থনৈতিক চাহিদা ঈশ্বরের কাছে উপস্থাপন করুন, কারণ তিনি পূর্ণরূপে আমাদের প্রয়োজনে উপকার করেন (ফিলিপীয় ৪:১৯)।

<u>শাস্ত্রের প্রতিশ্রুতিতে স্থির থাকুন:-</u> বিশ্বাস করুন যে ঈশ্বর আপনাকে কখনও ত্যাগ করবেন না, তিনি আপনাকে অভুক্ত থাকতে দেবেন না (গীতসংহিতা ৩৭:২৫)।

কৃতজ্ঞতা চর্চা করুন:- যা কিছু আছে, তার জন্য ঈশ্বরকে ধন্যবাদ দিন এবং তাঁর প্রভূত্বে বিশ্বাস রাখুন।

(খ) সম্পর্কের টানাপোড়েন:-

সম্পর্কের সমস্যা মানসিক এবং আত্মিক চাপ সৃষ্টি করতে পারে। দাম্পত্য জীবনের জটিলতা, পরিবারের মধ্যে বিভাজন, বন্ধুত্বের দ্বন্দ্ব— এই সমস্ত কিছুই বিশ্বাসকে সংগ্রাম ও অনিশ্চয়তার মুখে ফেলে। সম্পর্কের টানাপোড়েনে অনেক সময় আমাদের মনকে ক্ষতবিক্ষত করে তোলে, আমাদের মনে ক্ষোভের জন্ম দেয়, এবং কোনও নির্দিষ্ট ব্যক্তিকে ক্ষমা করতে কষ্ট হয়। আমার ব্যক্তিগত জীবনেও এমন বেশকিছু অভিজ্ঞতা

রয়েছে, কিন্তু তবুও ঈশ্বরের ধন্যবাদ হোক যে তিনি আমার বিশ্বাসকে এখনও তাঁর প্রতি টিকিয়ে রাখতে সাহায্য করে চলেছেন।

বাইবেলীয় দৃষ্টিভঙ্গি:-

রোমীয় ১২ অধ্যায় ১৮ পদে বলা হয়েছে:-

"যদি সাধ্য হয়, তোমাদের যত দূর হাত থাকে, মনুষ্যমাত্রের সহিত শান্তিতে থাক।"

ঈশ্বর চান যেন আমরা শান্তিপূর্ণ জীবনযাপন করি এবং ক্ষমাশীল হই (মথি ১৮:২১-২২)। সম্পর্কের টানাপোড়েন মেটানোর জন্য নম্রতা, ধৈর্য, এবং প্রার্থনা অত্যন্ত গুরুত্বপূর্ণ।

ক্ষমা করুন:- যারা আপনাকে কষ্ট দিয়েছেন বা আপনার কোনও ক্ষতি করেছেন, তাদের ক্ষমা করতে শিখুন (কলসীয় ৩:১৩)।

প্রার্থনা করুন:- সম্পর্কের সুস্থতার জন্য ঈশ্বরের সাহায্য প্রার্থনা করুন, কারণ আমাদের নিজ ক্ষমতায় অনেক সময় তা সম্ভব হয়ে উঠবে না।

যীশুর দৃষ্টান্ত অনুসরণ করুন:- শান্তি স্থাপনকারী হয়ে উঠুন এবং আত্মবিশ্বাসের সঙ্গে ভালোবাসা অন্যদের কাছে প্রকাশ করুন।

এছাড়াও, আমি আরও একটি বিষয় এখানে সংযোজিত করতে চাই (যা সম্পর্কের টানাপোড়েনেরই একটি অংশ), তা হল - অনেকেই অসম যোঁয়ালীতে আবদ্ধ হওয়ার কারণে ধীরে ধীরে বিশ্বাস থেকে দূরে সরে গেছেন। হয়ত পারিবারিক চাপে, আবেগের টানে, কিংবা সামাজিক পরিস্থিতির প্রভাবে

কেউ একজন এমন কোনও ব্যক্তির সঙ্গে বিবাহ বন্ধনে আবদ্ধ হন, যিনি ঈশ্বরকে চেনেন না, বিশ্বাস করেন না, বা তাঁর পথে চলেন না। বাইবেল আমাদের স্পষ্টভাবে এই বিষয়ে সতর্ক করেছে (২ করিন্থীয় ৬ অধ্যায় ১৪ পদে) -

"তোমরা অবিশ্বাসীদের সহিত অসমভাবে যোঁয়ালিতে বদ্ধ হইও না; কেননা ধর্ম্মে ও অধর্ম্মে পরস্পর কি সহযোগিতা? অন্ধকারের সহিত দীপ্তিরই বা কি সহভাগিতা?"

এখানে "যোঁয়ালী" বলতে বোঝানো হয়েছে সেই বন্ধন বা সম্পর্ক যা একে অপরকে প্রভাবিত করে ও নিয়ন্ত্রণ করে— বিশেষত বিবাহ। যখন একজন বিশ্বাসী একজন অবিশ্বাসীর সাথে জীবন বাঁধে, তখন আত্মিক

ভারসাম্য বিঘ্নিত হয়। কারণ তারা একে অপরের জীবনের মূল উদ্দেশ্য ও বিশ্বাসের দিক থেকে সম্পূর্ণ ভিন্ন পথে চলছেন। এটি সবচেয়ে ভয়াবহ তখনই হয়ে ওঠে যখন সেই অবিশ্বাসী ব্যক্তি তার বিশ্বাসী সঙ্গীকে ঈশ্বর থেকে দূরে সরিয়ে নেয়— চিন্তাভাবনায়, জীবনের সিদ্ধান্তে, এমনকি ঈশ্বরের সাথে সম্পর্কের গভীরতায়।

(গ) শারীরিক অসুস্থতাঃ-

শারীরিক অসুস্থতা শুধু দেহকেই নয়, মন এবং আত্মাকেও প্রভাবিত করে। দীর্ঘস্থায়ী রোগ বা আকস্মিক অসুস্থতা অনেক সময় আমাদের বিশ্বাসকে নাড়া দিতে পারে। কেন ঈশ্বর আরোগ্য দিচ্ছেন না বা কেন এত কষ্ট

সহ্য করতে হচ্ছে ?— এই প্রশ্নগুলি আমাদের মনে জন্ম নিতে পারে।

বাইবেলীয় দৃষ্টিভঙ্গি:-

যাকোব ৫ অধ্যায় ১৪ থেকে ১৫ পদে বলা হয়েছে:-

"তোমাদের মধ্যে কেহ কি রোগগ্রস্ত? সে মণ্ডলীর প্রাচীনবর্গকে আহ্বান করুক; এবং তাঁহারা প্রভুর নামে তাহাকে তৈলাভিষিক্ত করিয়া তাহার উপরে প্রার্থনা করুন। তাহাতে বিশ্বাসের প্রার্থনা সেই পীড়িত ব্যক্তিকে সুস্থ করিবে, এবং প্রভু তাহাকে উঠাইবেন; আর সে যদি পাপ করিয়া থাকে, তবে তাহার মোচন হইবে।"

ঈশ্বর আমাদের শারীরিক এবং আত্মিক সুস্থতার জন্য উদ্বিগ্ন। যদিও আরোগ্যের সময় এবং পদ্ধতি তাঁর হাতে, তবুও তিনি আমাদের সঙ্গে রয়েছেন এবং আমাদের শক্তির জোগান দিয়ে চলেছেন। তবে আমাদের সুস্থতার উপর যেন আমাদের বিশ্বাসের টিকে থাকা বা না থাকা নির্ভর না করে। ঈশ্বরের অলৌকিক কাজের উপলব্ধি লাভ না করেও জীবনের শেষ দিন পর্যন্ত ঈশ্বরের প্রতি আমাদের নির্ভরতা টিকিয়ে রাখাই প্রকৃত বিশ্বাসের উদাহরণ।

<u>আরোগ্যের জন্য প্রার্থনা করুন</u>:- ঈশ্বরের কাছে আপনার সুস্থতার জন্য আবেদন রাখুন, কারণ তিনি আমাদের সুস্থ করতে সক্ষম।

বিশ্বাসে স্থির থাকুন:- জেনে রাখুন যে, ঈশ্বরের পরিকল্পনা সর্বদা আমাদের জন্য মঙ্গলজনক (রোমীয় ৮:২৮)।

সহিষ্ণুতা বজায় রাখুন:- ধৈর্যের সঙ্গে পরীক্ষার মধ্য দিয়েও ঈশ্বরের অনুগ্রহের প্রত্যাশা করুন।

এই তিনটি সাধারণ প্রতিকূলতার মধ্যেও ঈশ্বর আমাদের পাশে থাকেন এবং আমাদেরকে বিশ্বাসের দ্বারা বিজয়ী হতে সাহায্য করেন। বাইবেল আমাদের আশ্বাস দেয় যে, আমরা যদি ঈশ্বরের প্রতি নির্ভর করি, তবে কোনও প্রতিকূলতাই আমাদের বিশ্বাসকে পরাজিত করতে পারবে না।

২.২. বাইবেলীয় শিক্ষা অনুসারে প্রতিকূলতার মোকাবিলা:-

জীবনের প্রতিকূলতা খ্রীষ্ট বিশ্বাসীদের জন্য নতুন কিছু নয়। বাইবেল আমাদের শিক্ষা দেয় যে, ঈশ্বরের অনুসারীরা নানান পরীক্ষার সম্মুখীন হবেন। তবে এই পরীক্ষাগুলির মধ্য দিয়ে যাওয়ার সময় ঈশ্বর আমাদের একা ছেড়ে দেন না; বরং তিনি আমাদের শক্তি ও সাহস জোগান এবং বিজয়ের পথ প্রদর্শন করেন। এই অংশে আমরা আলোচনা করবো বাইবেলীয় দৃষ্টিভঙ্গি থেকে যে, কীভাবে প্রতিকূলতা মোকাবিলা করতে হয়।

(ক) ধৈর্যের সাথে অপেক্ষা করাঃ-

যাকোব ১ অধ্যায় ৩ পদে বলা হয়েছে –

"জানিও, তোমাদের বিশ্বাসের পরীক্ষাসিদ্ধতা ধৈর্য্যসাধন করে।

ধৈর্য প্রতিকূলতার সময় এক অতি প্রয়োজনীয় গুণ। ঈশ্বর কখনো তাড়াহুড়ো করেন না; বরং তিনি তাঁর পরিকল্পনা নির্দিষ্ট সময়ে সম্পন্ন করেন। অনেক সময় আমরা অবিলম্বে সমাধান চাই, কিন্তু ঈশ্বর চান যেন আমরা অপেক্ষা করি এবং তাঁর ইচ্ছার প্রতি সম্পূর্ণভাবে সমর্পিত হই।

ধৈর্য এইজন্য গুরুত্বপূর্ণ, কারণ এতে আত্মিক পরিপক্কতা বৃদ্ধি পায় এবং নানারকম পরীক্ষার মধ্য দিয়ে আমাদের বিশ্বাস ও খ্রীষ্টীয় চরিত্র গঠিত হয়।

উপদেশক ৩ অধ্যায় ১১ পদে বলা হয়েছে –

"তিনি সকলই যথাকালে মনোহর করিয়াছেন, আবার তাহাদের হৃদয়মধ্যে চিরকাল রাখিয়াছেন; তথাপি ঈশ্বর আদি অবধি শেষ পর্য্যন্ত যে সকল কার্য্য করেন, মনুষ্য তাহার তত্ত্ব বাহির করিতে পারে না।"

অতএব, ধৈর্য ধরে অপেক্ষা করলে আমরা ঈশ্বরের পরিকল্পনার প্রতি আরও আস্থাশীল হয়ে উঠি। আমরা আমাদের ধৈর্যকে বেশ কয়েকটি উপায়ে বজায় রাখতে পারি, যেমন – প্রার্থনা ও ঈশ্বরের বাক্য অধ্যয়ন ও ধ্যান করার মাধ্যমে, বিশ্বাস সহকারে তাঁর নিরূপিত সময়ের ওপর নির্ভর করার মাধ্যমে।

<u>(খ) ঈশ্বরের প্রতি বিশ্বাস বজায় রাখাঃ–</u>

বিশ্বাস আমাদের আত্মিক জীবনের ভিত্তি। যখন জীবন কঠিন থেকে কঠিনতর হয়ে পড়ে, তখন আমাদের ঈশ্বরের প্রতি আস্থা ধরে রাখা খুবই প্রয়োজন, কারণ এই কঠিন সময়ে শয়তান আপনার হৃদয়ে সর্বনাশের বীজ বপন করার জন্য আপ্রাণ চেষ্টা করতে পারে, যাতে আপনাকে ধ্বংস করতে পারে (শারীরিকভাবে ও আত্মীকভাবে) এবং ঈশ্বরের কাছ থেকে চিরতরে দূরে সরিয়ে নিয়ে যেতে পারে। তাই আমরা যদি ঈশ্বরকে সন্তুষ্ট করতে চাই এবং তাঁর দেখানো পথে চলতে চাই, তাহলে আমাদের বিশ্বাস তাঁর উপরে টিকিয়ে রাখা আবশ্যক। কারণ বাইবেল (ইব্রীয় ১১ অধ্যায় ৬ পদ) স্পষ্টভাবে ঘোষণা করে যে, *"বিনা বিশ্বাসে প্রীতির পাত্র হওয়া কাহারও সাধ্য নয়;... ।"*

বিশ্বাস আমাদের মনে ঈশ্বরের শান্তি ও ভবিষ্যতের জন্য প্রত্যাশার আলো জ্বালিয়ে তোলে (রোমীয় ১৫:১৩)। বিশ্বাস আমাদের কঠিন পরিস্থিতিতে শক্তি প্রদান করেন, যাতে আমরা মনোবল প্রাপ্ত হই এবং সকল কিছুই করতে প্রস্তুত হয়ে উঠি (ফিলিপীয় ৪:১৩)। অতীতে যদি আমরা ঈশ্বরের প্রতি বিশ্বাস স্থাপনের দ্বারা তাঁর কোনও আলৌকিক কাজের সাক্ষি হয়ে থাকি, তবে সেই স্মৃতি আমাদেরকে সাহায্য করবে বর্তমান কঠিন পরিস্থিতি ও সংঘর্ষের সাথে মোকাবিলা করতে। এছারাও অন্যদের জীবনে ঘটে যাওয়া ঈশ্বরের অলৌকিক কার্যের সাক্ষ্যও আমাদের বিশ্বাসকে বৃদ্ধি করে।

প্রার্থনা হল বিশ্বাসকে টিকিয়ে রাখার একটি প্রধান অস্ত্র, যার দ্বারা ঈশ্বরের সাথে

আমাদের সম্পর্ক গভীর হয়ে ওঠে। এই সম্পর্কই আমাদের তাঁর সঙ্কল্প অনুসারে চলতে এবং সমস্ত প্রতিকূলতায় তাঁর মঙ্গলভাবের ওপর নির্ভরশীল হতে সাহায্য করে। (রোমীয় ৮:২৮)।

<u>**(গ) ঈশ্বরের বাক্যের ওপর নির্ভর করাঃ-**</u>

গীতসংহিতা ১১৯ এর গীত ১০৫ পদে লেখা আছে –

"তোমার বাক্য আমার চরণের প্রদীপ, আমার পথের আলোক।"

পবিত্র শাস্ত্র প্রতিকূলতার সময় আমাদের জন্য পথ-নির্দেশক। যখন আমরা বাইবেলের উপর নির্ভর করি, তখন ঈশ্বরের বাক্য আমাদের মনে শান্তি, সাহস, এবং আশার আলো নিয়ে আসে। ঈশ্বরের বাক্য আমাদের জীবনে

প্রতিকূলতার কারণ আবিষ্কার করতে সহায়তা করে এবং সেই প্রতিকূলতার সমাধান কীভাবে সম্ভব, সেই বিষয়েও আমাদের অবগত করে। পথভ্রষ্ট আমরা তখনই হয়ে পড়ি, যখন তাঁর বাক্য ধীরে ধীরে আমাদের হৃদয় থেকে মুছে যেতে শুরু করে এবং বাইবেলকে আমরা প্রতিদিনের আত্মীক খাদ্য হিসেবে গ্রহণ না করে তা অন্যান্য বই রাখার স্থানে সাজিয়ে রেখে দিই। অতএব, যদি আপনি সঠিক পথে চলতে চান এবং কঠিন পরিস্থিতির সাথে মোকাবিলার অভ্যাস করতে চান তবে সর্বপ্রথম বাইবেল পাঠের অভ্যাস গড়ে তুলুন। যেমন আপনি দিনে তিন থেকে চারবার শারীরিক আহার গ্রহণ করেন, ঠিক তেমনই আত্মীক আহারও গ্রহণ করার ক্ষুধা আপনার হৃদয়ে জাগিয়ে তুলতে হবে। আপনি

হয়ত শারীরিক আহার গ্রহণ করে শারীরিকভাবে পরিতৃপ্ত হচ্ছেন, কিন্তু আত্মীক আহার গ্রহণ না করলে আপনার আত্মা ধীরে ধীরে বিনষ্ট হতে শুরু করবে। তাই এই মুহূর্তে যখন আপনি এই পুস্তকটি পাঠ করছেন, একটি দৃঢ় সঙ্কল্প নিয়ে আত্মীক আহার গ্রহণ করার একটি তালিকা বা রুটিন তৈরী করে ফেলুন। চেষ্টা করুন প্রতিদিন নতুন নতুন পদ স্মরণ করে রাখার, যা অসময়ে আপনাকে সাহস জোগাবে এবং সেই শিক্ষা আপনার বাস্তব জীবনে অনেকখানি প্রভাব ফেলবে।

(ঘ) প্রার্থনায় সংযোগ স্থাপন করাঃ-

ফিলিপীয় ৪ অধ্যায় ৬ পদে বলা হয়েছে –

"কোন বিষয়ে ভাবিত হইও না, কিন্তু সর্ব্ববিষয়ে প্রার্থনা ও বিনতি দ্বারা ধন্যবাদ সহকারে তোমাদের যাচ্ঞা সকল ঈশ্বরকে জ্ঞাত কর।"

প্রার্থনা ঈশ্বরের সঙ্গে আমাদের সংযোগ স্থাপন করে। এটি শুধু অনুরোধ নয়, বরং একটি ঐশ্বরিক সম্পর্কের বহিঃপ্রকাশ। প্রতিকূলতার সময় ঈশ্বরের কাছে সমর্পিত হওয়া আমাদের বিশ্বাসকে দৃঢ় করে। প্রার্থনা আমাদের জীবনে যা যা প্রভাব ফেলে, সেগুলি হল - চিন্তা ও উদ্বেগ দূর করে, ঈশ্বরের শান্তি প্রদান করে, বিভিন্ন সমস্যার সমাধান নিয়ে আসে, দুর্বলতায় বল প্রদান করে, আত্মীকতা বৃদ্ধি করে, ইত্যাদি।

আমাদের উচিত যেন আমরা বিশ্বাস সহকারে প্রার্থনা করি। আমাদের একটি বিশয় মাথায় রাখতে হবে যে, আমাদের চাওয়ার পূর্বেই তিনি জানেন আমাদের কি কি প্রয়োজন। তাই প্রার্থনা করার পর আমাদের বিশ্বাস রাখতে হবে যে, ঈশ্বর আমাদের প্রার্থনা শুনছেন এবং তিনি যথা সময়ে তাঁর ইচ্ছা অনুসারে উত্তর দেবেন।

১ থিষলনীকীয় ৫ অধ্যায় ১৭ পদে লেখা আছে –

"সতত আনন্দ কর; অবিরত প্রার্থনা কর;... ।"

ঈশ্বর যদি আপনার কোনও বিশেষ প্রার্থনার উত্তর না দিয়ে থাকেন, তবে হতাশ হবেন না। কারণ তিনি আপনার চেয়ে আপনার

জীবনকে বেশী জানেন ও বোঝেন। অতএব তাঁর প্রতি কৃতজ্ঞতা প্রকাশ করুন এবং তাঁর উত্তম পরিকল্পনার জন্য তাঁকে ধন্যবাদ জ্ঞাপন করুন।

(ঙ) খ্রীষ্টীয় সহভাগিতায় যুক্ত থাকাঃ-

গালাতীয় ৬ অধ্যায় ২ পদে লেখা আছে –

"তোমরা পরস্পর এক জন অন্যের ভার বহন কর; এইরূপে খ্রীষ্টের ব্যবস্থা সম্পূর্ণরূপে পালন কর।"

কঠিন সময়ে একাকী থাকা বিপজ্জনক। তাই খ্রীষ্টীয় সহভাগিতা আমাদের জন্য সহায়ক এবং প্রেরণার উৎস। একে অপরের সঙ্গে যুক্ত থাকলে আমরা আমাদের বোঝা ভাগ করে নিতে পারি। খ্রীষ্টের দেহের অঙ্গ হিসেবে আমাদের প্রত্যেকের উচিত একে অপরের

বোঝা বহন করতে সহায়তা করা। কারণ ডান হাত যদি আঘাত প্রাপ্ত হয়, তবে বাম হাত নিশ্চয়ই ডান হাতের সেবা করবে এবং সেই আঘাতকে নিরাময় করতে সাহায্য করবে। ঠিক একই ভাবে আমাদের অন্যদেরও সাহায্য করতে হবে। একটি আত্মীক সহভাগিতা এবং একে অপরের জন্য প্রার্থনা অনেক গভীর হতাশা থেকে আমাদের মনকে সান্ত্বনা দিতে পারে এবং নতুনভাবে সাহস দিতে পারে। সহভাগিতায় আমরা ঈশ্বরের বাক্য থেকে যৌথভাবে শিক্ষা গ্রহণ করতে পারি, যা পরস্পরকে গেঁথে তুলতে সাহায্য করে। আমরা মণ্ডলীর কার্যক্রমে অংশ নিতে পারি অথবা বিশ্বাসী ভাই-বোনদের সাথে সময় অতিবাহিত করতে পারি বা নতুন নতুন বিশ্বাসীদের সাথে বন্ধুত্বপূর্ণ সম্পর্ক

তৈরী করতে পারি এবং একে অপরের জন্য প্রার্থনা করতে পারি। এই সমস্ত কিছুই আমাদেরকে খ্রীষ্টীয় সহভাগিতায় সংযুক্ত রাখবে।

বাইবেল আমাদের শিক্ষা দেয় যে, প্রতিকূলতা খ্রীষ্টীয় জীবনের একটি অংশ, কিন্তু ঈশ্বর আমাদের একা করে দেন না। ধৈর্যের সাথে অপেক্ষা করা, ঈশ্বরের প্রতি বিশ্বাস বজায় রাখা, তাঁর বাক্যের উপর নির্ভর করা, প্রার্থনায় তাঁর সাথে সংযোগ স্থাপন করা এবং খ্রীষ্টীয় সহভাগিতায় যুক্ত থাকা— এই পাঁচটি চর্চা আমাদেরকে প্রতিকূলতার মধ্যে শক্তি, সাহস ও স্থিতিশীলতা প্রদান করে।

অধ্যায় ৩

প্রার্থনার শক্তি

বিশ্বাস ধরে রাখার প্রধান উপায় হল প্রার্থনা। প্রভু যীশু নিজেই প্রার্থনার গুরুত্ব সম্পর্কে আমাদের শিক্ষা দিয়েছেন (লূক ১৮:১)।

প্রার্থনা মানুষের আধ্যাত্মিক জীবনে এক অত্যন্ত গুরুত্বপূর্ণ ভূমিকা পালন করে। এটি ঈশ্বরের সঙ্গে সম্পর্ক স্থাপন এবং সম্পর্ক বজায় রাখার প্রধান উপায়। প্রার্থনা আমাদের ঈশ্বরের কাছে নিজস্ব চিন্তা, অনুভূতি, আশা এবং শঙ্কা ব্যক্ত করার সুযোগ দেয়, এবং এটি আমাদের আত্মিক জীবনে গভীরতা আনতে সাহায্য করে। কঠিন সময়গুলিতে যখন আমরা হতাশ বা বিপদগ্রস্ত হয়ে পড়ি, তখন প্রার্থনা আমাদের জন্য একটি আশ্রয়স্থল হয়ে ওঠে। এই অধ্যায়ে, আমরা প্রার্থনার শক্তি, বিশেষভাবে কঠিন সময়ে ধারাবাহিক প্রার্থনার ভূমিকা এবং এর আধ্যাত্মিক উপকারিতা নিয়ে বিস্তারিত আলোচনা করবো। কঠিন সময়ে প্রার্থনা কীভাবে আমাদের বিশ্বাস ও মনোবলকে দৃঢ় করে

এবং ঈশ্বরের সঙ্গে আমাদের সম্পর্ককে গভীর করে তোলার মাধ্যমে আমাদের জীবনে শান্তি নিয়ে আসে, তা এখানে বিশ্লেষণ করা হবে।

৩.১. কঠিন সময়ে ধারাবাহিক প্রার্থনা:-

প্রার্থনা এমন একটি আধ্যাত্মিক অভ্যাস, যা প্রায় প্রত্যেক ধর্মাবলম্বী মানুষের জীবনেই গুরুত্বপূর্ণ স্থান দখল করে রয়েছে। কিন্তু বিশেষ করে কঠিন সময়ে, প্রার্থনা আমাদের বিশ্বাসকে দৃঢ় এবং আমাদের মনকে শান্ত রাখতে সাহায্য করে। এটি আমাদের ঈশ্বরের সঙ্গে সম্পর্ক শক্তিশালী করার একটি অবিচ্ছেদ্য মাধ্যম। প্রার্থনা আমাদের আত্মিক যাত্রায় দৃঢ় শক্তি হয়ে দাঁড়ায়, যা আমাদের ঈশ্বরের সঙ্গে সম্পর্ক বজায় রাখতে সহায়তা

করে এবং পরিস্থিতি যাই হোক না কেন, আমাদেরকে বিশ্বাসে দৃঢ় থাকতে অনুপ্রাণিত করে। জন্মের শুরু থেকে আজ পর্যন্ত আমাদের জীবনে নানান ধরনের উত্থান-পতনের আগমন ঘটেছে, তবুও আমরা অনেকে প্রার্থনার দ্বারাই বিশ্বাসে টিকে রয়েছি। তাই যে কোনও পরিস্থিতির মধ্যেই, প্রার্থনা অত্যন্ত গুরুত্বপূর্ণ হয়ে ওঠে। এটি আমাদেরকে বিশ্বাসের শক্তি এবং স্থিতিশীলতার পথ দেখায়, যাতে কঠিন পরিস্থিতিতেও আমরা ঈশ্বরের কাছে নিজেদের নিবেদিত রাখতে শিখি।

যখন দানিয়েল মাদীয় ও পার্সীয় সাম্রাজ্যের রাজ্যে একজন প্রশাসক হিসেবে দায়িত্ব পালন করছিলেন, তখন তিনি এক বিশেষ পরীক্ষার সম্মুখীন হয়েছিলেন। রাজ্যের

শাসক, রাজা দারিয়াবস, তার রাজ্যকে আরও সুসংগঠিত করতে একটি নতুন আইন প্রবর্তন করেন। আইন অনুযায়ী, রাজ্যে এক মাসের জন্য কোনও মানুষ বা দেবতার কাছে প্রার্থনা করা যাবে না, শুধুমাত্র রাজার কাছে প্রার্থনা করা হবে। দানিয়েল ছিলেন একজন ঈশ্বর-বিশ্বাসী এবং ন্যায়পরায়ণ ব্যক্তি, তাই তিনি এই নতুন আইনের বিরুদ্ধে ছিলেন। যদিও এই আইন তার জীবনকে বিপদে ফেলতে পারত, কিন্তু তবুও তিনি নিজের বিশ্বাসে অবিচল রইলেন। প্রতিদিনের মতো, তিনি একদিন তার গৃহের জানালা খুলে, যিরূশালেমের দিকে মুখ করে, ঈশ্বরের কাছে প্রার্থনায় নিবিষ্ট ছিলেন। তার প্রার্থনা ছিল নিরবচ্ছিন্ন, যা ঈশ্বরের প্রতি তার বিশ্বাসের গভীরতা এবং শ্রদ্ধাকে প্রতিফলিত করছিল।

এমন সময়, তার শত্রুরা (যারা দানিয়েলের অগ্রগতি এবং ঈশ্বরের প্রতি তার বিশ্বস্ততা পছন্দ করতেন না) রাজা দারিয়াবসকে জানান যে দানিয়েল রাজার আইন ভঙ্গ করছেন। রাজা দারিয়াবস দানিয়েলের প্রতি শ্রদ্ধাশীল ছিলেন, কিন্তু আইন অনুসরণ করতে বাধ্য ছিলেন। ফলে, আইন অনুযায়ী দানিয়েলকে ক্ষুধার্ত সিংহের গহ্বরে নিক্ষেপ করা হয়। তবে দানিয়েল ঈশ্বরের ওপর পূর্ণ আস্থা রেখেছিলেন এবং ঈশ্বর দানিয়েলকে ক্ষুধার্ত সিংহদের হিংস্রতা থেকে রক্ষা করলেন। রাজা দারিয়াবস প্রত্যূষে উঠে দানিয়েলকে দেখতে গেলেন এবং তিনি আশ্চর্য হয়ে দেখলেন যে দানিয়েল সিংহদের দ্বারা আঘাত প্রাপ্ত হননি। ঈশ্বর দানিয়েলের বিশ্বাসকে অটুট রেখেছিলেন, এবং তার

প্রার্থনার ফলস্বরূপ তাকে রক্ষা করেছিলেন। এই ঘটনাটি আমাদের শিক্ষা দেয় যে, কঠিন সময়েও ঈশ্বরের সঙ্গে আমাদের সম্পর্ক মজবুত রাখলে, তিনি আমাদের রক্ষা করবেন এবং আমাদের বিশ্বাসের শক্তিকে অবিচলিত রাখবেন। যেভাবে দানিয়েল ঈশ্বরের প্রতি বিশ্বাস রাখলেন এবং তাঁর কাছে প্রার্থনা করলেন, তেমনই আমাদেরও যে কোনও পরিস্থিতিতে ঈশ্বরের দিকে অবিচলভাবে অগ্রসর হয়ে যেতে হবে। প্রার্থনা আমাদেরকে বিশ্বাসের শক্তি এবং স্থিতিশীলতার পথ দেখায়, যাতে আমরা যেকোনো সংগ্রামে ঈশ্বরের সহায়তা লাভ করতে পারি। জীবনের প্রতিটি পদক্ষেপে ঈশ্বরের ইচ্ছাকে অনুসরণ করার প্রতিশ্রুতি আমাদের ধৈর্য এবং আত্মবিশ্বাস বৃদ্ধি করে। প্রার্থনা কখনও

একটি একক মুহূর্তের ঘটনা নয়, বরং একটি অবিচ্ছিন্ন প্রক্রিয়া, যা আমাদের প্রতিদিনের জীবনকে পরিচালিত করে ও প্রভাবিত করে। প্রতিদিনের প্রার্থনা আমাদেরকে ঈশ্বরের সঙ্গে প্রতিদিন সংযুক্ত রাখে এবং তাঁর দিকনির্দেশনা প্রতিদিন অনুসরণ করতে উৎসাহিত করে।

(ক) ঈশ্বরের উপস্থিতি অনুভব করাঃ-

প্রার্থনার অন্যতম উপকারিতা হল এটি আমাদের ঈশ্বরের উপস্থিতি অনুভব করার সুযোগ দেয়। যখন আমরা প্রতিদিন প্রার্থনা করি, তখন আমরা একে অপরের সঙ্গে যোগাযোগের মাধ্যমে কেবল ঈশ্বরের দিকে মনোযোগী হই না, বরং তাঁর উপস্থিতি আমাদের হৃদয়ে অনুভূত হয়। প্রার্থনা

আমাদের মনে করিয়ে দেয় যে আমরা একা নই, ঈশ্বর সর্বদা আমাদের পাশে আছেন। এই অনুভূতি আমাদের আত্মবিশ্বাস এবং মনোবলকে বাড়িয়ে তোলে, বিশেষ করে কঠিন সময়ে। একজন খ্রীষ্ট বিশ্বাসী যখন কঠিন সময়ের মধ্য দিয়ে গমন করে, তখন প্রার্থনা তার জন্য একটি শক্তিশালী মাধ্যম হয়ে ওঠে, যা তাকে ঈশ্বরের শান্তি ও সহায়তা গ্রহণের সুযোগ দেয়। প্রার্থনার মাধ্যমে ঈশ্বরের কাছে নিবেদন করা আমাদের ভীতিকে উৎসর্গ করলে তা প্রশমিত হয় এবং আমাদের পরিস্থিতিকে অন্যভাবে দেখার দৃষ্টিভঙ্গি প্রদান করে। ঈশ্বরের উপস্থিতি আমাদের হৃদয়ে এক ধরনের শান্তি প্রদান করে, যা আমাদের মানসিক চাপ এবং উদ্বেগকে (বিশেষ করে আত্মহত্যার মতো

মারাত্মক চিন্তাকেও) অনেকটাই দমন করে। যা আমি আমার ব্যক্তিগত জীবনেও উপলব্ধি করতে সক্ষম হয়েছি। প্রার্থনা আমাদের আত্মবিশ্বাসের এক গভীর অনুভূতি তৈরী করে। কখনও কখনও, আমাদের জীবনে এমন কিছু কঠিন মুহূর্ত আসে যখন আমরা অনুভব করি যে আমরা একা, নিঃস্ব এবং বিপন্ন। কিন্তু প্রার্থনা আমাদের হৃদয়ে এই আশ্বাস প্রদান করে যে, ঈশ্বর সর্বদা আমাদের সঙ্গে আছেন এবং আমাদের পাশে আছেন। যখন আমরা ঈশ্বরের উপস্থিতি অনুভব করি, তখন আমাদের অভ্যন্তরীণ শান্তি ফিরে আসে এবং আমরা এক নতুন উদ্যমে জীবনযাত্রার পথে এগিয়ে যেতে পারি।

(খ) মনোবল ও ধৈর্য বৃদ্ধিঃ-

ধারাবাহিক প্রার্থনা আমাদের আত্মিক শক্তি বৃদ্ধি করে, আমাদের ধৈর্য বৃদ্ধি করে এবং আমাদের মনোবলকে শক্তিশালী করে। যখন জীবনের পথে নানা ধরনের বিপত্তি আসে, তখন আমাদের মনে কৌতূহল ও সংকোচের সৃষ্টি হয়। কিন্তু প্রার্থনা আমাদের অভ্যন্তরীণ শক্তিকে জাগ্রত করে এবং আমাদের নতুন উদ্যম এবং আশা দান করে। যিশাইয় ৪০ এর গীত ৩১ পদে বলা হয়েছে -

"কিন্তু যাহারা সদাপ্রভুর অপেক্ষা করে, তাহারা উত্তরোত্তর নূতন শক্তি পাইবে; তাহারা ঈগল পক্ষীর ন্যায় পক্ষসহকারে উর্দ্ধে উঠিবে; তাহারা দৌড়িলে শ্রান্ত হইবে না; তাহারা গমন করিলে ক্লান্ত হইবে না।"

এই পদটি প্রমাণ করে যে ঈশ্বরের সঙ্গে আমাদের সম্পর্ক যত গভীর হবে, আমাদের মনোবল ততই বৃদ্ধি পাবে। কঠিন সময়ের মধ্যে, যখন আমরা ক্লান্ত এবং হতাশ হয়ে পড়ি, তখন প্রার্থনা আমাদের শক্তি জোগায় এবং আমাদের নতুন করে চলতে সাহস প্রদান করে। মানুষের জীবনে অনেক ধরনের সংকট আসে, যা তাকে মানসিকভাবে অবসন্ন এবং ক্লান্ত করে তোলে। কিন্তু ঈশ্বরের কাছে ধারাবাহিক প্রার্থনা আমাদের মনোবল এবং ধৈর্যকে তীক্ষ্ণ করে তোলে। এটি আমাদের আত্মবিশ্বাস বৃদ্ধি করে এবং আমাদের ভেতর একটি শক্তির অনুভূতি সৃষ্টি করে। ধারাবাহিক প্রার্থনার মাধ্যমে, আমরা আধ্যাত্মিকভাবে শক্তিশালী হয়ে উঠি এবং একসময় এই শক্তির প্রভাবে আমরা জীবনের

যেকোনো বাধা অতিক্রম করতে সক্ষম হই। প্রার্থনা শুধু ঈশ্বরের সাহায্য গ্রহণের একটি মাধ্যম নয়, বরং এটি আমাদের এক ধরনের আধ্যাত্মিক প্রশিক্ষণ যা আমাদের ঈশ্বরের প্রতি নির্ভরতায় নিজের ওপর বিশ্বাস এবং শক্তি জাগিয়ে তোলে।

(গ) ঈশ্বরের ইচ্ছাকে বুঝতে সক্ষম হওয়াঃ-

প্রার্থনার মাধ্যমে আমরা ঈশ্বরের ইচ্ছা এবং পরিকল্পনা বুঝতে অনেকাংশে সফল হই। আমাদের জীবনের বহু সময়ে নানান ধরনের বিভ্রান্তি এবং প্রশ্নের সম্মুখীন হতে হয়, কিন্তু প্রার্থনা আমাদের ঈশ্বরের ইচ্ছার প্রতি মনোযোগী হতে সাহায্য করে এবং তাঁর প্রদর্শিত পথের প্রতি আমাদের বিশ্বাসকে দৃঢ় করে।

যাকোব ১ অধ্যায় ৫ পদে লেখা আছে –

"যদি তোমাদের কাহারও জ্ঞানের অভাব হয়, তবে সে ঈশ্বরের কাছে যাচ্ঞা করুক; তিনি সকলকে অকাতরে দিয়া থাকেন, তিরস্কার করেন না; তাহাকে দত্ত হইবে।"

ঈশ্বর তাঁর সঠিক সময় এবং সঠিক পথে আমাদের হৃদয়ে শান্তি এবং আনন্দ প্রদান করেন এবং প্রয়োজন অনুসারে জ্ঞান প্রদান করেন। তিনি আমাদের জীবনের নানা সংকটের মধ্যে তাঁর ইচ্ছা বুঝতে সাহায্য করেন। কখনও কখনও ঈশ্বর আমাদের সরাসরি নির্দেশ দেন, আবার কখনও তিনি আমাদের প্রজ্ঞা ও নিশ্চয়তা দান করেন, যা আমাদের পরবর্তী পদক্ষেপের পথ পরিস্কার করে দেয়। ধারাবাহিক প্রার্থনার মাধ্যমে,

আমরা ঈশ্বরের ইচ্ছার প্রতি আরও নিবেদিত হতে শিখি। যখন আমরা তাঁর ইচ্ছার প্রতি আমাদের মনোযোগ নিবদ্ধ করি, তখন আমাদের জীবনে তাঁর উপস্থিতি আরও স্পষ্ট হয়ে ওঠে এবং আমাদের মধ্যে আধ্যাত্মিক শান্তি ফিরে আসে।

(য) আত্মীক যুদ্ধের শক্তিঃ–

কঠিন সময়ের মধ্যে শয়তান আমাদের বিশ্বাস দুর্বল করার চেষ্টা করে, আমাদের মনে সন্দেহ এবং ভীতি সৃষ্টি করতে চায়। কিন্তু ধারাবাহিক প্রার্থনা আমাদের আত্মিক শক্তি বৃদ্ধি করে এবং শয়তানকে প্রতিরোধ করতে সাহায্য করে।

ইফিষীয় ৬ অধ্যায় ১৮ পদে লেখা আছে –

"সর্ববিধ প্রার্থনা ও বিনতি সহকারে সর্বসময়ে আত্মাতে প্রার্থনা কর, এবং ইহার নিমিত্ত সম্পূর্ণ অভিনিবেশ ও বিনতিসহ জাগিয়া থাক,..."

এই পদে আমাদেরকে সতর্ক থাকতে বলা হয়েছে যে আমাদের আত্মিক যুদ্ধের জন্য প্রস্তুত থাকতে হবে। প্রার্থনা আমাদের ঈশ্বরের শক্তির মাধ্যমে শয়তানের ষড়যন্ত্র প্রতিরোধে সক্ষম করে তোলে। শয়তান সাধারণত মানুষের দুর্বল মুহূর্তগুলিতে বা দুর্বলতায় আঘাত করে, যখন মানুষ হতাশ এবং বিমুখ হয়ে পড়ে। কিন্তু ধারাবাহিক প্রার্থনা আমাদেরকে শক্তিশালী করে, যাতে আমরা শয়তান এবং তার মন্দ চক্রান্ত থেকে মুক্ত থাকতে পারি। প্রার্থনার মাধ্যমে আমরা ঈশ্বরের শক্তি গ্রহণ করি এবং শয়তান

আমাদের জীবন থেকে প্রস্থান করতে বাধ্য হয়।

কঠিন সময়ে ধারাবাহিক প্রার্থনা শুধু ঈশ্বরের সঙ্গে আমাদের সম্পর্ক গভীর করে না, বরং আমাদের আত্মিক শক্তিকেও বৃদ্ধি করে, আমাদের বিশ্বাসকে দৃঢ় করে এবং আমাদেরকে জীবন সংগ্রামে বিজয়ী হতে সহায়তা করে। প্রার্থনা আমাদের ঈশ্বরের ইচ্ছা বোঝার, তাঁর উপস্থিতি অনুভব করার এবং আত্মিক যুদ্ধের জন্য প্রস্তুত হওয়ার সুযোগ প্রদান করে। এটি আমাদের জীবনে শান্তি, ধৈর্য এবং শক্তির উৎস হয়ে ওঠে। প্রার্থনার শক্তি আমাদেরকে ঈশ্বরের দিকে নিবেদিত থাকতে সাহায্য করে এবং জীবনের প্রতিটি মুহূর্তে তাঁর সাহায্য ও দিকনির্দেশনার অভ্যন্তরীণ অনুভূতি প্রদান করে। অতএব,

প্রার্থনা শুধু কঠিন সময়ে নয়, বরং আমাদের প্রতিদিনের জীবনে ঈশ্বরের সঙ্গে সম্পর্ক বজায় রাখার এবং আধ্যাত্মিক জীবনের উন্নতির জন্য একটি গুরুত্বপূর্ণ অনুশীলন হওয়া প্রয়োজন।

অধ্যায় ৪

ঈশ্বরের বাক্যকে আঁকড়ে ধরা

ঈশ্বরের বাক্য আমাদের চরণের প্রদীপ, যা আমাদের জীবনের প্রতিটি পদক্ষেপে আলো দেখায় (গীতসংহিতা ১১৯:১০৫)।

৪.১. বাক্য পাঠের গুরুত্ব:-

কঠিন সময়ে ঈশ্বরের বাক্য আমাদের মনকে শক্তিশালী রাখে। আমরা যখন ঈশ্বরের প্রতিশ্রুতিগুলি স্মরণ করি, তখন আমাদের বিশ্বাস পুনরায় দৃঢ় হয়ে ওঠে। বাইবেল আমাদের জন্য শুধু একটি ধর্মীয় গ্রন্থ নয়; এটি ঈশ্বরের জীবন্ত বাক্য, যা আমাদের প্রতিদিনের জীবনে পথনির্দেশনা দেয় এবং আত্মিকভাবে সমৃদ্ধ করে।

(ক) আশ্বাস ও শান্তির উৎসঃ-

জীবনের প্রতিকূল পরিস্থিতিতে বাইবেল আমাদের আশ্বস্ত করে যে ঈশ্বর আমাদের সঙ্গে আছেন।

যোহন ১৪ অধ্যায় ২৭ পদে প্রভু যীশু বলেছেন –

"শান্তি আমি তোমাদের কাছে রাখিয়া যাইতেছি, আমারই শান্তি তোমাদিগকে দান করিতেছি; জগৎ যেরূপ দান করে, আমি সেরূপ দান করি না। তোমাদের হৃদয় উদ্বিগ্ন না হউক, ভীতও না হউক।"

এটি একটি শক্তিশালী প্রতিশ্রুতি, যেখানে ঈশ্বর আমাদের শান্তি প্রদান করেন, যা এই পৃথিবী থেকে পাওয়া শান্তির চেয়ে একেবারে আলাদা। পৃথিবী যে শান্তি প্রদান করে, তা সাধারণত বাহ্যিক পরিস্থিতির উপর

নির্ভরশীল— যেমন অর্থনৈতিক নিরাপত্তা, সুস্থতা, বা ব্যক্তিগত সম্পর্ক। কিন্তু ঈশ্বরের প্রদত্ত শান্তির বাহ্যিক পরিস্থিতির প্রতি নির্ভরশীল নয়, বরং এটি ঈশ্বরের উপস্থিতি ও তাঁর সাথে গভীর সম্পর্কের ওপর নির্ভরশীল। কঠিন সময়ে এই ধরনের প্রতিশ্রুতি আমাদের মনে শান্তি ও নির্ভরতা এনে দেয়। যখন আমাদের জীবনে অন্ধকার সময় আসে— যেমন শারীরিক অসুস্থতা, মানসিক বিপর্যয়, সম্পর্কের সমস্যা বা আর্থিক কষ্ট— তখন ঈশ্বরের শান্তি আমাদের অভ্যন্তরীণ শক্তি এবং স্থিতিশীলতা প্রদান করে। আর এগুলিই আমাদেরকে বিশ্বাসের পথে অনেক দূর এগিয়ে নিয়ে যায়।

(খ) বিশ্বাসকে দৃঢ় করেঃ-

বাক্য পাঠ ও শ্রবণ আমাদের বিশ্বাসকে গভীর করে এবং আস্থার ভিতকে মজবুত করে। যখন আমরা ঈশ্বরের বাক্য, অর্থাৎ বাইবেল অধ্যয়ন বা শ্রবণ করি, তখন তা আমাদের বিশ্বাসের শিকড়কে গভীরভাবে মজবুত করে তোলে এবং আমাদের আধ্যাত্মিক জীবনে স্থিতিশীলতা বয়ে আনে। বাইবেলের বাক্য কেবল শ্রবণের জন্য নয়, তা আমাদের জীবনের পথে জ্যোতির মতো কাজ করে, আমাদের হৃদয়কে পরিবর্তন করে, এবং আমাদের আত্মবিশ্বাস ও আস্থাকে শক্তিশালী করে তোলে।

রোমীয় ১০ অধ্যায় ১৭ পদে লেখা আছে –

"অতএব বিশ্বাস শ্রবণ হইতে এবং শ্রবণ খ্রীষ্টের বাক্য দ্বারা হয়।"

নিয়মিত বাইবেল পাঠ করলে আমরা ঈশ্বরের প্রতিশ্রুতিগুলির প্রতি দৃঢ় বিশ্বাস রাখতে পারি এবং সন্দেহ থেকে মুক্ত হতে পারি।

আজকের দ্রুতগামী জীবনে আমরা অনেক সময় বিভিন্ন সংকট ও দুশ্চিন্তার মধ্যে পড়ি, যার ফলে আমাদের বিশ্বাস এবং আস্থা মাঝে মধ্যে হ্রাস পায়। তবে, যখন আমরা নিয়মিত বাইবেল পাঠ করি, তখন ঈশ্বরের বাক্য আমাদের হৃদয়ে শান্তি এবং শক্তি প্রদান করে। বাইবেল পাঠ ও শ্রবণ আমাদের জীবনকে পুনর্নির্মাণের শক্তি দান করে। ঈশ্বরের বাক্য আমাদের জীবনে শুদ্ধতা, ন্যায় এবং সত্য প্রতিষ্ঠিত করতে সাহায্য করে। যখন আমরা বাইবেল নিয়মিত অধ্যয়ন করি, তখন আমরা আমাদের জীবনের উদ্দেশ্য ও লক্ষ্য সম্পর্কে পরিষ্কার ধারণা লাভ করি, যা

আমাদের সিদ্ধান্ত গ্রহণে সহায়ক হয়। বাইবেল আমাদের স্মরণ করিয়ে দেয় যে, ঈশ্বর আমাদের সঙ্গে আছেন এবং তাঁর প্রতিশ্রুতিগুলি কখনও অচল হয়ে পড়ে না। এর মাধ্যমে আমরা শিক্ষা পাই যে, ঈশ্বর কখনও আমাদের পরিত্যাগ করেন না এবং আমাদের প্রয়োজনের সময়ে তিনি আমাদের পাশে থাকেন।

(গ) ঈশ্বরের ইচ্ছা বুঝতে সাহায্য করেঃ–

কঠিন সময়ে আমরা প্রায়শই বিভ্রান্ত বোধ করি এবং সঠিক পথ খুঁজে পেতে কষ্ট অনুভব করি। সেই সময় বাইবেল আমাদের ঈশ্বরের ইচ্ছা বোঝার জন্য স্পষ্ট দিকনির্দেশনা প্রদান করে।

গীতসংহিতা ১১৯ এর গীত ১০৫ পদে লেখা আছে –

"তোমার বাক্য আমার চরণের প্রদীপ, আমার পথের আলোক।"

বাইবেল অধ্যয়ন করলে এবং বাক্যের সঠিক প্রসঙ্গ (Context) ও অর্থ বিশ্লেষণ করে বিবেচনা করলে আমরা আমাদের জীবনের গুরুত্বপূর্ণ সিদ্ধান্ত গ্রহণে ঈশ্বরের পথনির্দেশনা পেতে পারি। যেমন একটি কম্পাস আমাদের সঠিক দিশার দিকে ইঙ্গিত করে, ঠিক তেমনই ঈশ্বরের বাক্যও আমাদের জীবনকে সঠিক দিশার দিকে পথনির্দেশনা করে।

(ঘ) প্রলোভন ও বিপদ থেকে রক্ষা করেঃ-

কঠিন সময়ে শয়তান আমাদের বিশ্বাসকে প্রবলভাবে দুর্বল করে দেওয়ার চেষ্টা করে।

বাইবেল আমাদের আত্মিক অস্ত্র সরবরাহ করে, যেগুলি দ্বারা আমরা শয়তানের দেখানো প্রলোভনের বিরুদ্ধে লড়াই করতে পারি। এই প্রলোভন এত ভয়ানক যে, তা আমাদের জীবনে নানান প্রকারের বিপদ ডেকে নিয়ে আস্তে পারে, এছাড়াও শারীরিকভাবে এবং আত্মীকভাবেও ধ্বংস করে দিতে পারে।

প্রভু যীশু মথি ৪ অধ্যায় ৪ পদে শয়তানের প্রলোভন ও পরীক্ষার সময় যে কথা বলেছেন তা অত্যন্ত গুরুত্বপূর্ণ এবং গভীর অর্থ বহন করে। সেই পদে তিনি বললেন –

"মনুষ্য কেবল রুটীতে বাঁচিবে না, কিন্তু ঈশ্বরের মুখ হইতে যে প্রত্যেক বাক্য নির্গত হয়, তাহাতেই বাঁচিবে।"

এখানে যীশু তাঁর প্রতিক্রিয়ায় শয়তানের প্রলোভনকে প্রত্যাখ্যান করেছেন। শয়তান এর আগের পদেই তাঁকে বলেছিল –

"তুমি যদি ঈশ্বরের পুত্র হও, তবে বল, যেন এই পাথরগুলা রুটী হইয়া যায়।"

কিন্তু যীশু জানতেন যে, জীবনের প্রকৃত পুষ্টি বা প্রয়োজনীয়তা (Sustenance) শুধুমাত্র শারীরিক খাদ্য থেকে আসে না, বরং ঈশ্বরের বাক্য থেকে আসে। ঈশ্বরের বাক্য আমাদের আত্মিক শক্তি দান করে এবং আমাদের প্রকৃত জীবনের পথে পরিচালিত করে। যীশু তাঁর জীবনের এই মুহূর্তে পুরাতন নিয়ম থেকে উদ্ধৃতি (ঈশ্বরের বাক্য) ব্যবহার করেছিলেন শয়তানের প্রলোভনকে প্রত্যাখ্যান করতে। এটি আমাদের জন্য একটি মূল্যবান

উদাহরণ – যে কোনও সময়, যখন আমরা শয়তানের বা দুর্বলতার বিরুদ্ধে লড়াই করি, তখন বাইবেলের বাক্য আমাদের শক্তি এবং পথনির্দেশনা দিতে পারে। এটি আমাদের শিক্ষা দেয় যে, শুধু শারীরিক বা পার্থিব জীবনের প্রয়োজনীয়তার জন্য নয়, বরং আমাদের আত্মীক জীবনের জন্যও ঈশ্বরের বাক্য অত্যন্ত গুরুত্বপূর্ণ। বাইবেল আমাদের জীবনের প্রয়োজনীয় শিক্ষা, শক্তি, এবং শান্তি প্রদান করে, এবং আমরা যদি এর উপর ভিত্তি স্থাপন করে রাখি, তবে তা আমাদের শয়তান বা যে কোনও পরীক্ষার বিরুদ্ধে শক্তিশালী করবে।

(৩) ধৈর্য ও আশার উৎসঃ–

কঠিন সময়ে বাইবেল আমাদের ধৈর্য ধরতে ও আশায় স্থির থাকতে উৎসাহিত করে। রোমীয় ১৫ অধ্যায় ৪ পদে বলা হয়েছে –

"কারণ পূর্ব্বকালে যাহা যাহা লিখিত হইয়াছিল, সে সকল আমাদের শিক্ষার নিমিত্তে লিখিত হইয়াছিল, যেন শাস্ত্রমূলক ধৈর্য্য ও সান্ত্বনা দ্বারা আমরা প্রত্যাশা প্রাপ্ত হই।"

এই পদে বাইবেল আমাদের শিক্ষা দেয় যে, পূর্বে যা কিছু ঘটেছিল এবং যা কিছু শাস্ত্রে লেখা হয়েছে, তা আমাদের জন্য একটি শক্তিশালী পাঠ। এই লেখাগুলি আমাদের কঠিন সময়ে ধৈর্য ধরতে, শান্ত থাকতে এবং সর্বোপরি আশা রাখতে সাহায্য করে। ধৈর্য এবং আশা এমন দুটি মূলনীতি যা বাইবেল

বারংবার আমাদের স্মরণ করিয়ে দেয়। কঠিন সময়ে যখন আমরা শঙ্কিত বা হতাশ হয়ে পড়ি, তখন বাইবেল আমাদের জানায় যে, আমরা একা নই বরং ঈশ্বর আমাদের সাথে আছেন। বাইবেল আমাদের বাক্যের ওপর আস্থাশীল থাকার আহ্বান জানায় এবং আমাদের বিশ্বাসকে দৃঢ় করতে সাহায্য করে। ঈশ্বরের বাক্যের প্রতি আস্থা এবং ধৈর্য আমাদের জীবনের সংগ্রামের সময়ে দৃঢ়ভাবে দাঁড়িয়ে থাকতে সাহায্য করে। পূর্বকালের ঘটনা এবং ঈশ্বরের প্রতি আস্থার মধ্যে যে ধৈর্য্য ও সান্ত্বনা ছিল, তা আজও আমাদের জন্য একটি পথপ্রদর্শক। যেমন প্রাচীন পূর্বপুরুষগণ ঈশ্বরের দিকে দৃষ্টি রেখেছিলেন, তেমনই আমাদেরও তা করতে হবে, যাতে আমরা ঈশ্বরের পরিকল্পনায় বিশ্বাস রাখতে

পারি এবং তাঁর দিকে দৃষ্টি রেখে আশার সহিত এগিয়ে যেতে পারি।

বাইবেল কেবলমাত্র আমাদের শাস্তি বা শাস্ত্র-বাণী প্রদান করে না, বরং এটি আমাদের আশা, বিশ্বাস এবং প্রার্থনার শক্তির উৎস হিসেবে কাজ করে। এই পবিত্র শাস্ত্রের শিক্ষা আমাদের মনে এই অনুভূতি তৈরি করে যে, কঠিন সময়ে আমরা যদি ঈশ্বরের বাক্য আঁকড়ে ধরে থাকি, তবে আমরা কোনো পরিস্থিতিতেই পুরোপুরি ধ্বংস হয়ে যাব না, কিন্তু শেষ পর্যন্ত ঈশ্বরের প্রতিশ্রুতি অনুযায়ী আমাদের প্রয়োজনীয় সান্ত্বনা ও শক্তি আমরা লাভ করবো। এই অংশে আমরা বুঝতে সক্ষম হচ্ছি যে, বাইবেল শুধু শাস্তি বা আদেশ নয়, বরং এটি আমাদের আত্মীক যাত্রার জন্য একটি শক্তিশালী উৎস, যা

আমাদের কঠিন সময়েও আশায় পূর্ণ থাকতে এবং দৃঢ়ভাবে দাঁড়িয়ে থাকতে এবং স্থিতিশীল থাকতে সাহায্য করে।

(চ) আত্মীক বৃদ্ধি ও পবিত্রতাঃ-

আত্মীক বৃদ্ধি এবং পবিত্রতা হল একজন মানুষের জীবনের একটি অত্যন্ত গুরুত্বপূর্ণ দিক, যা ঈশ্বরের সঙ্গে সম্পর্ক গভীর করার এবং তাঁর মহিমা প্রকাশের পথে এগিয়ে যাওয়ার জন্য অপরিহার্য। একজন খ্রীষ্ট বিশ্বাসীর জীবনে আত্মীক বৃদ্ধি এবং পবিত্রতা অর্জন একটি চলমান প্রক্রিয়া, যা ঈশ্বরের সাথে সম্পর্ক স্থাপনের মাধ্যমে ঘটতে থাকে। এই প্রক্রিয়া আমাদের জীবনকে শুদ্ধ, পবিত্র এবং সৎ পথে পরিচালিত করে, যাতে আমরা ঈশ্বরের আদর্শের সঙ্গে আরও বেশী

অঙ্গীকারবদ্ধ হতে পারি। আত্মীক বৃদ্ধি বলতে বোঝায় মানুষের আত্মীক জীবন ও বিশ্বাসের উন্নতি। বাইবেল অধ্যয়ন, প্রার্থনা, ধ্যান, এবং ঈশ্বরের প্রতি আস্থা ও ভালোবাসা একজন বিশ্বাসীর আত্মীক বৃদ্ধি ঘটায়।

২ পিতর ৩ অধ্যায় ১৮ পদে বলা হয়েছে –

"কিন্তু আমাদের প্রভু ও ত্রাণকর্তা যীশু খ্রীষ্টের অনুগ্রহ ও জ্ঞানে বর্দ্ধিষ্ণু হও।"

এই পদটিতে আমরা বুঝতে পারছি যে, ঈশ্বরের সঙ্গে আমাদের আত্মীক সম্পর্ক স্থাপনের মাধ্যমে আমাদের জীবনে তাঁর অনুগ্রহ ও জ্ঞান বৃদ্ধি পায়, এবং এই বৃদ্ধি আমাদের পরিপূর্ণ এবং শক্তিশালী করে তোলে। আত্মীক বৃদ্ধি ঈশ্বরের ইচ্ছার প্রতি আমাদের প্রবণতা এবং জীবনের প্রতিটি

ক্ষেত্রে তাঁর আদর্শ অনুসরণের মাধ্যমে ঘটে। পবিত্রতা বা আত্মীক শুদ্ধতা অর্জনের অর্থ হল, আমাদের জীবনে ঈশ্বরের উপস্থিতি অনুভব করা এবং তাঁর আদর্শ অনুযায়ী জীবন যাপন করা। এটি শুধুমাত্র বাহ্যিক আচরণ বা কর্মের শুদ্ধতা নয়, বরং অন্তরের শুদ্ধতা ও ঈশ্বরের প্রতি একনিষ্ঠতা। বাইবেল আমাদের শিক্ষা দেয় যে, ঈশ্বর পবিত্র এবং তাঁর উপস্থিতিতে শুদ্ধতার গুরুত্ব অপরিসীম। যেহেতু ঈশ্বর পবিত্র, তাই তাঁর সান্নিধ্যে পৌঁছানোর জন্য আমাদেরও পবিত্র হতে হবে। ঈশ্বর আমাদেরকে পবিত্র করার জন্য তাঁর পুত্র যীশু খ্রীষ্টকে প্রেরণ করেছেন, এবং তাঁর রক্তের দ্বারাই আমরা পাপ থেকে মুক্তি লাভ করে পবিত্রতা অর্জন করতে পারি।

যীশুর রক্তে আমরা শুদ্ধতা লাভ করি, এবং এটি আমাদের জন্য এক চিরন্তন দান। যীশু খ্রীষ্টের আত্মত্যাগ আমাদের আত্মীক শুদ্ধতার পথকে উন্মুক্ত করেছে। তাঁর রক্ত আমাদের জঘন্য থেকে জঘন্যতম পাপকেও ধৌত করতে পারে। এর অর্থ, আমাদের আত্মীক শুদ্ধতা অর্জন কেবলমাত্র আমাদের নিজস্ব প্রচেষ্টার মাধ্যমে নয়, বরং ঈশ্বরের প্রদত্ত করুণার মাধ্যমে সম্ভব। ঈশ্বর আমাদের জন্য একটি পবিত্র পথ প্রস্তুত করেছেন, যাতে আমরা তাঁর আদর্শ অনুসরণ করে আত্মীক শুদ্ধতা অর্জন করতে পারি।

১ পিতর ১ অধ্যায় ১৫ থেকে ১৬ পদে লেখা আছে –

"কিন্তু যিনি তোমাদিগকে আহ্বান করিয়াছেন, সেই পবিত্রতমের ন্যায় আপনারাও সমস্ত আচার ব্যবহারে পবিত্র হও; কেননা লেখা আছে, "তোমরা পবিত্র হইবে, কারণ আমি পবিত্র।""

এই পদ আমাদের মনে করিয়ে দেয় যে, ঈশ্বরের পবিত্রতা তাঁর চরিত্রের একটি অপরিহার্য অংশ, এবং যেহেতু ঈশ্বর পবিত্র, সেহেতু আমাদেরকেও পবিত্র থাকতে হবে। বাইবেল বিভিন্ন স্থানে আমাদের পবিত্রতা অর্জনের জন্য ঈশ্বরের আদর্শ অনুসরণ করতে বলে, এবং এই পদটিও সেই আহ্বানকেই পুনর্ব্যক্ত করে।

৪.২. গুরুত্বপূর্ণ বাইবেল পদগুলি:-

কঠিন সময়ে বাইবেলের প্রতিশ্রুতিগুলি আমাদের মনোবল জোগায়, বিশ্বাসকে দৃঢ় করে এবং ঈশ্বরের প্রতি নির্ভরতা বৃদ্ধি করে। এই পদগুলি আমাদের মনে করিয়ে দেয় যে, ঈশ্বর আমাদের ত্যাগ করেন না এবং তাঁর পরিকল্পনা সবসময় মঙ্গলের জন্য। এখানে কিছু গুরুত্বপূর্ণ বাইবেল পদ রয়েছে, যা প্রতিকূলতার সময়ে উৎসাহ ও শান্তি প্রদান করবে:

(ক) <u>রোমীয় ৮ অধ্যায় ২৮ পদঃ-</u>

এই পদে লেখা আছে –

"আর আমরা জানি, যাহারা ঈশ্বরকে প্রেম করে, যাহারা তাঁহার সঙ্কল্প অনুসারে আহূত, তাহাদের পক্ষে সকলই মঙ্গলার্থে একসঙ্গে কার্য্য করিতেছে।"

এই পদটি আমাদের স্মরণ করিয়ে দেয় যে, আমাদের জীবনের জন্য ঈশ্বরের একটি মহৎ পরিকল্পনা রয়েছে, যা আমাদের মঙ্গল এবং তাঁর মহিমার উদ্দেশ্যে কার্য করছে। এই পদে বলা হয়েছে, যারা ঈশ্বরকে ভালোবাসে এবং তাঁর পরিকল্পনা অনুসারে জীবনযাপন করে, তাদের জন্য সবকিছু একসঙ্গে মঙ্গলার্থে কাজ করে। যদিও আমাদের জীবনে কখনও কখনও কঠিন পরিস্থিতি বা দুঃখ আসে, কিন্তু ঈশ্বর তা তাঁর বৃহত্তর পরিকল্পনার অংশ হিসেবে আমাদের মঙ্গলের জন্য ব্যবহার করেন। কঠিন সময়ে যখন সবকিছু অনিশ্চিত মনে হয়, তখন এই প্রতিশ্রুতি আমাদের মনে করিয়ে দেয় যে ঈশ্বরের হাতে সমস্তকিছু নিয়ন্ত্রিত আছে।

(খ) যোহন ১৬ অধ্যায় ৩৩ পদঃ-

এই পদে যীশু তাঁর শিষ্যদের সাহস দিয়ে বলেছেন –

"এই সমস্ত তোমাদিগকে বলিলাম, যেন তোমরা আমাতে শান্তি প্রাপ্ত হও। জগতে তোমরা ক্লেশ পাইতেছ; কিন্তু সাহস কর, আমিই জগৎকে জয় করিয়াছি।"

পৃথিবী এমন একটি স্থান যেখানে শয়তান এবং পাপের শক্তি সক্রিয় হয়ে রয়েছে, ফলে ঈশ্বরের অনুসারীরা বিভিন্ন পরিস্থিতিতে নিরাশা, দুঃখ ও অস্থিরতার সম্মুখীন হবেন, এটাই স্বাভাবিক। প্রভু যীশু জানতেন যে তাঁরা পৃথিবীতে ক্লেশের সম্মুখীন হবেন, তবে তিনি তাদেরকে আশ্বস্ত করেছেন যে, এই সবই সাময়িক এবং এই সাময়িক দুঃখভোগের পর বিজয় অপেক্ষা করছে। তাঁর

মৃত্যু এবং পুনরুত্থান সমস্ত অন্ধকার শক্তির উপর তাঁর বিজয়কে নিশ্চিত করেছে। যীশুর এই জয় শুধুমাত্র তাঁর নিজের জন্য নয়, বরং তাঁর অনুসারীদের জন্যও। তিনি সমস্ত শক্তির বিরুদ্ধে বিজয় অর্জন করেছেন, যার দরুন আমরা শাস্তি, দুঃখ, এবং প্রতিকূলতার মাঝে শক্তি, সাহস এবং শান্তি লাভ করতে পারি।

<u>(গ) গীতসংহিতা ৪৬ এর গীত ১ পদঃ-</u>

গীতের এই পদে লেখা রয়েছে –

"ঈশ্বর আমাদের পক্ষে আশ্রয় ও বল। তিনি সঙ্কটকালে অতি সুপ্রাপ্য সহায়।"

এই পদ আমাদের নিশ্চিত করে যে ঈশ্বর ঈশ্বর আমাদের জীবনের প্রতিটি পরিস্থিতিতে আশ্রয় ও নিরাপত্তা। "আশ্রয়" শব্দটি একটি স্থান বা অবস্থা বোঝায় যেখানে আমরা শত্রু

বা বিপদের হাত থেকে নিরাপদ থাকতে পারি। ঈশ্বর আমাদের সেই নিরাপদ স্থান, যেখানে আমরা সুরক্ষিত অনুভব করি। যখন আমাদের জীবন ঝুঁকিপূর্ণ বা অনিশ্চিত হয়ে ওঠে, তখন ঈশ্বরই আমাদের আশ্রয়। তাঁর আশ্রয়ে আমরা শান্তি এবং শক্তি খুঁজে পাই।

ঈশ্বর কেবল আমাদের আশ্রয়ই নন, তিনি আমাদের শক্তির উৎসও। "বল" শব্দটি এখানে ঈশ্বরের ক্ষমতা এবং শক্তিকে বোঝাচ্ছে। যখন আমাদের জীবনে সমস্যা, দুঃখ, বা সংঘর্ষ আসে, তখন আমরা ঈশ্বরের শক্তির ওপর ভরসা রাখতে পারি। ঈশ্বর আমাদের অভ্যন্তরীণ শক্তি দেন, যা আমাদের কঠিন পরিস্থিতিতে স্থিতিশীল থাকতে সাহায্য করে। এটি কেবলমাত্র বাহ্যিক পরিস্থিতি

থেকে নিরাপত্তা দান করে না, বরং আমাদের আত্মিক শক্তিরও উৎস হিসেবে কাজ করে।

(য়) যিশাইয় ৪১ অধ্যায়ে ১০ পদঃ-

এই পদে সদাপ্রভু বলেছেন –

"ভয় করিও না, কারণ আমি তোমার সঙ্গে সঙ্গে আছি; ব্যাকুল হইও না, কারণ আমি তোমার ঈশ্বর; আমি তোমাকে পরাক্রম দিব; আমি তোমার সাহায্য করিব; আমি আপন ধর্মশীলতার দক্ষিণ হস্ত দ্বারা তোমাকে ধরিয়া রাখিব।"

ঈশ্বর এই পদে আমাদের জানাচ্ছেন যে, তিনি সবসময় আমাদের সঙ্গে আছেন, বিশেষ করে যখন আমরা ভয়ে, চিন্তায় বা সংকটে আছি। *"ভয় করিও না, কারণ আমি তোমার সঙ্গে সঙ্গে আছি;..."* – এই অংশটি একটি

শক্তিশালী বার্তা বহন করে, তা হল – ঈশ্বর আমাদের কখনও একা ছেড়ে যান না। তাঁর উপস্থিতি প্রতিটি পদক্ষেপে, প্রতিটি মুহূর্তে আমাদের সঙ্গী। আমাদের যখন বিপদ বা অন্ধকারময় পরিস্থিতি আসে, তখন ঈশ্বর আমাদের আশ্রয়, সুরক্ষা এবং সাহস প্রদান করেন। ঈশ্বর বলেছেন, *"আমি তোমাকে পরাক্রম দিব;..."* – যা বোঝায় যে ঈশ্বর আমাদের শারীরিক এবং আত্মীক শক্তি প্রদান করবেন। ঈশ্বরের পরাক্রম হল সেই শক্তি যা আমাদের দুঃখ এবং সংগ্রামের মাঝেও ধৈর্য ও স্থিতিশীলতা বজায় রাখতে সহায়ক হয়। যখন আমরা দুর্বল অনুভব করি বা আমাদের মনে হয় যে আমরা আর এগিয়ে যেতে পারব না, তখন ঈশ্বর আমাদের সেই পরাক্রম বা শক্তি দান করেন যা আমাদের আবার উঠে

দাঁড়াতে সাহায্য করে। *"আমি তোমার সাহায্য করিব;..."* – পদের এই অংশটি আমাদেরকে জানায় যে, ঈশ্বর আমাদের সাহায্য করতে সর্বদা প্রস্তুত। তাঁর সাহায্য আমাদের সর্বোচ্চ প্রয়োজনের সময়ে আসে এবং তা যথার্থভাবে আমাদের জন্য উপযুক্ত হয়। ঈশ্বর আমাদের জীবনের সমস্ত পরিস্থিতিতে সাহায্য করতে সদা প্রস্তুত, বিশেষত যখন আমরা সঙ্কটে থাকি বা আমাদের মন বিষণ্নতায় ভোগে। এছাড়াও ঈশ্বর বলেছেন, *"আমি আপন ধর্মশীলতার দক্ষিণ হস্ত দ্বারা তোমাকে ধরিয়া রাখিব।"* – যা তাঁর অটুট দয়া এবং প্রেমের প্রতীক। ঈশ্বরের দক্ষিণ হস্ত সবসময় আমাদের ধরে রাখে, যাতে আমরা বিপদে পড়ে না যাই। তাঁর হস্ত আমাদের সুরক্ষা, শান্তি এবং পথ প্রদর্শনের প্রতীক। যখন

আমরা বিপদের মধ্যে আছি, ঈশ্বরের শক্তিশালী হস্ত আমাদের আঁকড়ে ধরে আমাদের পথ নির্দেশিত করে এবং আমরা নিরাপদে থাকতে পারি।

(ঙ) ২ করিন্থীয় ১২ অধ্যায় ৯ পদঃ-

এই পদের প্রথম অংশে লেখা রয়েছে –

"আর তিনি আমাকে বলিয়াছেন, আমার অনুগ্রহ তোমার পক্ষে যথেষ্ট; কেননা আমার শক্তি দুর্ব্বলতায় সিদ্ধি পায়।..."

এই পদটি একটি অত্যন্ত গুরুত্বপূর্ণ আধ্যাত্মিক পাঠ, যা আমাদের দুর্বলতা ও সীমাবদ্ধতার মাঝে ঈশ্বরের অনুগ্রহ এবং শক্তির প্রকৃত তাৎপর্য উপলব্ধি করতে

সহায়ক। এই পদে প্রেরিত পৌল তার দুর্বলতার বিষয়ে লিখেছেন এবং ঈশ্বরের উত্তর সম্পর্কে বর্ণনা করেছেন। এই পদ আমাদের মনে করিয়ে দেয় যে, ঈশ্বরের অনুগ্রহের কোনো সীমা নেই এবং তা আমাদের জীবনের প্রতিটি প্রয়োজনে যথেষ্ট। যখন আমরা শারীরিক, মানসিক বা আধ্যাত্মিকভাবে দুর্বল বা ক্লান্ত অনুভব করি, ঈশ্বরের অনুগ্রহ আমাদের শক্তি এবং সহায়তার উৎস হয়ে দাঁড়ায়। ঈশ্বরের অনুগ্রহ আমাদের দুর্বলতা বা সীমাবদ্ধতা কাটিয়ে ওঠার জন্য একটি অসীম শক্তি ও সাহস প্রদান করে, যার ওপর কোনও কিছুই কর্তৃত্ব করতে পারে না। আমরা যখন নিজেদের উপর ভরসা হারিয়ে ফেলি বা বিপদের সময় ক্লান্ত হয়ে পড়ি, তখন ঈশ্বর আমাদের সাহায্য

করেন। এই পদ আমাদের শিক্ষা দান করে যে, আমাদের সীমাবদ্ধতার মাঝেও ঈশ্বরের শক্তি সবচেয়ে স্পষ্টভাবে প্রকাশ পায়।

আমাদের জীবনের সবচেয়ে শক্তিশালী মুহূর্তগুলি আমাদের দুর্বলতার সময়েই আসে, যখন আমরা ঈশ্বরের উপর আস্থা রাখি এবং তাঁর শক্তিকে আমাদের জীবন পরিচালিত করতে অনুমতি দান করি। এই উপলব্ধি আমাদের আত্মবিশ্বাস জাগিয়ে তোলে আমাদের জীবনের একটি বৃহত্তর সাক্ষ্য হয়ে দাঁড়ায়। এই সময় ঈশ্বর আমাদের সবচেয়ে শক্তিশালী অস্ত্র হিসেবে কাজ করেন, এবং তাঁর শক্তির মাধ্যমে আমরা জয়যাত্রার ঘোষণা করতে সক্ষম হয়ে উঠি।

(চ) ফিলিপীয় ৪ অধ্যায় ৬ থেকে ৭ পদঃ-

এই পদে লেখা রয়েছে –

"কোন বিষয়ে ভাবিত হইও না, কিন্তু সর্ব্ববিষয়ে প্রার্থনা ও বিনতি দ্বারা ধন্যবাদ সহকারে তোমাদের যাচ্ঞা সকল ঈশ্বরকে জ্ঞাত কর। তাহাতে সমস্ত চিন্তার অতীত যে ঈশ্বরের শান্তি, তাহা তোমাদের হৃদয় ও মন খ্রীষ্ট যীশুতে রক্ষা করিবে।"

এই দুটি পদ আমাদের উদ্বেগ, চিন্তা এবং প্রার্থনার মাধ্যমে ঈশ্বরের শান্তি লাভের বিষয়ে গুরুত্বপূর্ণ শিক্ষা দেয়। এর মাধ্যমে একটি গভীর আধ্যাত্মিক বার্তা প্রকাশ করা হয়েছে। আসুন, আমরা এই পদটি বিস্তারিতভাবে বিশ্লেষণ করি:

১. "কোন বিষয়ে ভাবিত হইও না" – এই অংশে, পৌল আমাদের উদ্বেগ বা চিন্তা করার

বিরুদ্ধে সতর্ক করছেন। আমরা প্রায়শই আমাদের দৈনন্দিন জীবনের নানা বিষয় নিয়ে চিন্তা বা উদ্বেগে জর্জরিত হই। কিন্তু পদের এই অংশে বোঝানো হয়েছে, যেন আমরা ঈশ্বরের প্রতি আমাদের বিশ্বাস স্থির রাখি এবং কোনও বিষয়ে অতিরিক্ত চিন্তা বা উদ্বেগ না করি।

২. "কিন্তু সর্ব্ববিষয়ে প্রার্থনা ও বিনতি দ্বারা ধন্যবাদ সহকারে তোমাদের যাচ্ঞা সকল ঈশ্বরকে জ্ঞাত কর" – এই অংশটি আমাদের কীভাবে চিন্তা ও উদ্বেগের পরিবর্তে প্রার্থনা করতে হবে, সেই বিষয়ে শিক্ষা দিচ্ছে। যখন আমরা চিন্তা করি বা উদ্বেগে থাকি, তখন আমাদের উচিত আমাদের সমস্যাগুলি ঈশ্বরের কাছে নিয়ে যাওয়া এবং তাকে প্রার্থনার মাধ্যমে আমাদের হৃদয়ের অবস্থা

জানানো। এছাড়াও, এই অংশটি আমাদের শিক্ষা দেয় যে, প্রার্থনার সময় শুধুমাত্র অনুরোধ বা চাহিদা জানানো উচিত নয়, বরং ধন্যবাদও দেওয়া প্রয়োজন। ধন্যবাদ দেওয়া আমাদের কৃতজ্ঞতা এবং ঈশ্বরের প্রতি আস্থা প্রদর্শন করে। প্রার্থনা ও ধন্যবাদ দ্বারা ঈশ্বরকে জ্ঞাত করলে আমাদের মন এক ধরনের শান্তি অনুভব করে এবং ঈশ্বর আমাদের সঠিক পথে পরিচালনা করেন।

৩. "তাহাতে সমস্ত চিন্তার অতীত যে ঈশ্বরের শান্তি, তাহা তোমাদের হৃদয় ও মন খ্রীষ্ট যীশুতে রক্ষা করিবে" – এই অংশে প্রেরিত পৌল জানাচ্ছেন যে, যখন আমরা ঈশ্বরের কাছে প্রার্থনা করি এবং তাঁকে ধন্যবাদ জানাই, তখন তিনি একটি বিশেষ শান্তি আমাদের জীবনে প্রবাহিত করেন। এটি

এমন এক শান্তি, যা আমাদের সকল চিন্তা এবং উদ্বেগের উপরে। এই শান্তি আমাদের হৃদয় ও মনকে রক্ষা করবে এবং শুধুমাত্র আমাদের বাইরের পরিস্থিতি নয়, ভিতরের অস্থিরতা থেকেও রক্ষা করবে। এই শান্তি একমাত্র খ্রীষ্টের মাধ্যমে আসে, যিনি আমাদের আভ্যন্তরীণ শান্তির উৎস। খ্রীষ্ট যীশু আমাদের শরীর ও আত্মাকে রক্ষা করেন এবং আমাদের বিশ্বাসে শক্তি প্রদান করেন, যাতে আমরা চিন্তা বা উদ্বেগের প্রভাব থেকে মুক্ত থাকতে পারি।

(ছ) যিহোশূয় ১ অধ্যায় ৯ পদঃ-

এই পদে লেখা রয়েছে –

"আমি কি তোমাকে আজ্ঞা দিই নাই? তুমি বলবান হও ও সাহস কর, মহাভয়ে ভীত কি

নিরাশ হইও না; কেননা তুমি যে কোন স্থানে যাও, সেই স্থানে তোমার ঈশ্বর সদাপ্রভু তোমার সহবর্তী।"

এই পদটি ইস্রায়েলের জনগণের জন্য একটি উৎসাহ প্রদানকারী নির্দেশনা। এখানে ঈশ্বর তাঁর অনুগামীদের বলছেন, তাঁরা যেন ভয় না করে এবং নিরাশ না হয়, কারণ ঈশ্বর সদাপ্রভু সব সময় তাদের সাথে রয়েছেন। এই পদটি যিহোশূয়কে এবং তার মাধ্যমে ইস্রায়েলীদের সাহস ও শক্তি প্রদান করতে উদ্দেশ্যপ্রণোদিত। এই পদের মূল বার্তা:

১. ঈশ্বরের আদেশ:- ঈশ্বর যিহোশূয়কে এবং তার অনুসারীদের বলছেন, *"তুমি বলবান হও ও সাহস কর,..."* এটি একটি আদেশ, যা

সাহস এবং দৃঢ়তার প্রতি গুরুত্ব প্রদর্শন করে।

২. ভয় এবং নিরাশার বিরুদ্ধে প্রতিরোধ:- ঈশ্বর বলছেন, *"মহাভয়ে ভীত কি নিরাশ হইও না;..."* অর্থাৎ, কখনই ভয় বা দুঃশ্চিন্তা যেন তাঁর সন্তানদের হৃদয়ে স্থান না পায়।

৩. *ঈশ্বরের সান্নিধ্য ও সহায়তা:-* ঈশ্বর তাঁর পবিত্র উপস্থিতি এবং সহায়তার কথা নিশ্চিত করে বলেছেন, *"কেননা তুমি যে কোন স্থানে যাও, সেই স্থানে তোমার ঈশ্বর সদাপ্রভু তোমার সহবর্তী।"* পদের এই অংশটি একজন বিশ্বাসীকে আশ্বস্ত করে যে ঈশ্বর সব সময় তার পাশে আছেন এবং তাকে কখনও একা করবেন না।

এই গুরুত্বপূর্ণ বাইবেল পদগুলি কঠিন সময়ে আমাদের বিশ্বাসকে দৃঢ় রাখতে সাহায্য করে এবং ঈশ্বরের প্রতি আমাদের আস্থাকে শক্তিশালী করে। প্রতিদিনের জীবনে এই পদগুলি স্মরণ করলে আমরা সাহস, শান্তি এবং ঈশ্বরের উপস্থিতির আশ্বাস লাভ করি।

অধ্যায় ৫

খ্রীষ্টীয়

সত্ভাগিতার

ভূমিকা

খ্রীষ্টীয় জীবনে একাকী চলা কঠিন। কারণ বাইবেল এবং খ্রীষ্টীয় শিক্ষায় একটি গুরুত্বপূর্ণ বার্তা হল **"প্রেম"** এবং **"পরস্পরের সহায়তা"**।

গালাতীয় ৬ অধ্যায় ২ পদ এই ধারণাটিকেই শক্তিশালী করে, যেখানে বলা হয়েছে –

"তোমরা পরস্পর এক জন অন্যের ভার বহন কর; এইরূপে খ্রীষ্টের ব্যবস্থা সম্পূর্ণরূপে পালন কর।"

৫.১. সহানুভূতি ও সহযোগিতা:-

বিশ্বাসীদের মধ্যে সহভাগিতা একজন নির্দিষ্ট বিশ্বাসীর বিশ্বাসকে দৃঢ় রাখতে সহায়তা করে। যখন আমরা একসঙ্গে থাকি, তখন আমরা আধ্যাত্মিকভাবে শক্তিশালী থাকি।

কঠিন সময়ে সহানুভূতি ও সহযোগিতা অপরিহার্য, কারণ বিভিন্ন ধরনের সমস্যার সাথে একা লড়াই করা বেশীরভাগ সময়েই কঠিন হয়ে পড়ে। বাইবেল আমাদের শিক্ষা দেয় যে আমরা একে অপরের বোঝা বহন করতে এবং প্রেম, সহানুভূতি ও সহযোগিতার মাধ্যমে পরস্পরকে শক্তিশালী করতে বাধ্য।

(ক) পরস্পরের ভার বহন করাঃ-

যখন বলা হয় - *"তোমরা পরস্পর এক জন অন্যের ভার বহন কর;..."* এর অর্থ হল একে অপরের দুঃখ, কষ্ট, দুশ্চিন্তা এবং জীবনের কঠিন সময়গুলিকে একে অপরের সাথে ভাগ করে নেওয়া। খ্রীষ্টীয় জীবন কোনও একক অভিজ্ঞতা নয়; এটি একটি

সাম্প্রদায়িক অভিজ্ঞতা, যেখানে বিশ্বাসীরা একে অপরকে সমর্থন এবং সহায়তা প্রদান করে। আমাদের জীবনে যখন সমস্যা, দুঃখ বা পরাজয়ের সময় আসে, তখন ঈশ্বর আমাদের স্মরণ করিয়ে দেন যে, আমরা সেই সময়েও একা নই। আমাদের খ্রীষ্টীয় সম্প্রদায় আমাদের পাশে দাঁড়িয়ে আমাদের ভার ভাগ করে নিতে প্রস্তুত থাকে (তবে দুঃখের সাথে জানাতে বাধ্য হচ্ছি যে, বর্তমান সময়ে প্রেম শীতল হয়ে যাওয়ার কারণে বিশ্বাসীদের মধ্যে এই সহভাগিতা ও সহযোগিতার পরিমান অনেকাংশে হ্রাস পেয়েছে)। সহযোগিতা শুধুমাত্র শারীরিক সাহায্য নয়, বরং মানসিক এবং আধ্যাত্মিক সাহায্যকেও বোঝায়।

উদাহরণস্বরূপ:- যদি কোনও ভাই বা বোন আর্থিক সংকটে বা শারীরিক অসুস্থতায়

ভোগেন, তবে সামর্থ্য থাকলে সেই ভার বহন অন্য একজন খ্রীষ্ট বিশ্বাসীর অবশ্যই বহন করা উচিত। তবে যদি কারও আর্থিক সহায়তা প্রদানের সামর্থ্য না থাকে, তবে সেই বিশ্বাসী তার সময় ও উপস্থিতির দ্বারা সহায়তা করতে পারে। — এটিই বাইবেলের শিক্ষা। এই সাহায্য ও সহানুভূতির মাধ্যমে, আমরা নিজেদের জীবনে ঈশ্বরের প্রেম এবং খ্রীষ্টের আদর্শ অনুসরণ করছি এবং প্রদর্শন করছি।

যখন আমরা একে অপরের বোঝা ভাগ করে নিই, তখন ব্যক্তিগত সংঘর্ষগুলি কিছুটা হলেও সহজ হয়ে পড়ে এবং ঈশ্বরের প্রেম কার্যকরভাবে প্রকাশ পায়।

(খ) প্রার্থনার দ্বারা সমর্থনঃ-

যাকোব ৫ অধ্যায় ১৬ পদ একটি গুরুত্বপূর্ণ আদেশ প্রদান করে, যা খ্রীষ্টীয় জীবনের একটি মৌলিক দিককে নির্দেশ করে। এই পদে বলা হয়েছে –

"অতএব তোমরা এক জন অন্য জনের কাছে আপন আপন পাপ স্বীকার কর, ও এক জন অন্য জনের নিমিত্ত প্রার্থনা কর, যেন সুস্থ হইতে পার। ধার্ম্মিকের বিনতি কার্য্যসাধনে মহাশক্তিযুক্ত।"

এই পদটি আমাদের জীবনে একটি গুরুত্বপূর্ণ আধ্যাত্মিক শিক্ষা প্রদান করে, যা কঠিন সময়ে আমাদের বিশ্বাস এবং শক্তি বৃদ্ধির জন্য অপরিহার্য। এই পদ আমাদের একে অপরের জন্য প্রার্থনা করার গুরুত্বের প্রতি মনোযোগ আকর্ষণ করছে, যা আমাদের

শারীরিক, মানসিক এবং আধ্যাত্মিক সুস্থতার জন্য অত্যন্ত প্রয়োজনীয়। চারটি গুরুত্বপূর্ণ বিষয় নীচে তুলে ধরছি –

১. পরস্পর অপরাধ স্বীকার করা:- এই পদে আমাদের নির্দেশ দেওয়া হয়েছে যে, আমরা যেন একে অপরের কাছে আমাদের অপরাধ স্বীকার করি। এই নির্দেশ শুধুমাত্র আত্মীক বা আধ্যাত্মিক নিরীক্ষণের জন্য নয়, বরং এটি আমাদের সম্পর্কের মধ্যে সততা এবং স্বচ্ছতার উৎস। যখন আমরা আমাদের দোষ বা অপরাধ স্বীকার করি, তখন এটি ঈশ্বরের কাছ থেকে ক্ষমা লাভের একটি পথ উন্মুক্ত করে এবং আমাদের মধ্যে স্নেহপূর্ণ সম্পর্ক স্থাপন করে। অপরাধ স্বীকার করার মাধ্যমে, আমরা নিজেদেরকে মানসিক ও আধ্যাত্মিক

ভার থেকে মুক্ত করতে সক্ষম হই এবং একপ্রকার শান্তি লাভ করি।

২. একচিত্তে প্রার্থনা করা:- এটি খ্রীষ্টীয় সম্প্রদায়ের মধ্যে একতা এবং সহানুভূতির একটি অত্যন্ত গুরুত্বপূর্ণ দিক। একে অপরের জন্য প্রার্থনা করার অর্থ আমাদের সহকর্মী, বন্ধু, বা পরিবারের সদস্যদের জন্য ঈশ্বরের কাছে সাহায্য চাওয়া। যখন একজন ব্যক্তি সংকট বা প্রতিকূলতার মধ্যে থাকে, তখন তার জন্য প্রার্থনা করা তাকে শক্তি এবং সাহস প্রদান করে। এর মাধ্যমে আমরা একে অপরের প্রতি ভালোবাসা এবং সহানুভূতির প্রমাণ রাখি। একান্তভাবে একজন ব্যক্তির জন্য প্রার্থনা করা খ্রীষ্টীয় জীবনের একটি অভ্যন্তরীণ দৃষ্টিভঙ্গি, যা ঈশ্বরের প্রতি আমাদের আনুগত্য এবং আমাদের সহকর্মী

বা সম্প্রদায়ের প্রতি আমাদের দায়িত্ব বোঝায়। এটি আমাদের জীবনে গভীর এবং সুস্থ সম্পর্ক স্থাপন করতে সহায়তা করে, কারণ একে অপরের জন্য প্রার্থনা করা আমাদের মধ্যে সহানুভূতি এবং একে অপরকে সাহায্য করার এক দৃষ্টিভঙ্গি গড়ে তোলে।

৩. **নিরাময় লাভ করা:-** প্রার্থনা শুধুমাত্র আত্মীক বা মানসিক শান্তি এনে দেয় না, বরং এটি শারীরিক নিরাময়ও নিয়ে আসতে পারে। প্রার্থনা এক ধরনের আধ্যাত্মিক শক্তি সরবরাহ করে যা আমাদের অভ্যন্তরীণ এবং বাহ্যিক, এই দুটিই সুস্থ রাখতে সাহায্য করে। যখন আমরা একে অপরের জন্য প্রার্থনা করি, তখন এটি ঈশ্বরের কাছে আমাদের বিশ্বাস এবং নির্ভরশীলতার প্রমাণ হিসেবে

কাজ করে ও আমাদের শরীরের ক্ষয় এবং মনের চাপের বিরুদ্ধে এক ধরনের প্রতিরোধ ব্যবস্থা হয়ে দাঁড়ায়, যা অবশেষে নিরাময়ের দিকে পরিচালিত করে।

৪. ধার্মিকের প্রার্থনা কার্যসাধক:- এই বিষয়টি খ্রীষ্টীয় জীবনের একটি গুরুত্বপূর্ণ শিক্ষণ। কার্যসাধক প্রার্থনা সেই প্রার্থনা যা শুধুমাত্র শব্দের মাধ্যমে নয়, বরং আন্তরিকতা, বিশ্বাস এবং ঈশ্বরের প্রতি প্রকৃত আনুগত্যের মাধ্যমে করা হয়। এমন প্রার্থনা ঈশ্বরের কাছ থেকে ফল প্রাপ্তির উপযোগী হয়ে দাঁড়ায়, কারণ এমন প্রার্থনা কেবলমাত্র ঈশ্বরের প্রতি প্রকৃত বিশ্বাস স্থাপনকারী ধার্মিক ব্যক্তিরাই করতে পারে, কারণ একজন প্রকৃত বিশ্বাসী কখনই ঈশ্বরের ইচ্ছার উপর নিজেদের ইচ্ছাগুলিকে জোর করে চাপিয়ে দেন না। ঈশ্বরের উদ্দেশ্য

অনুযায়ী প্রার্থনা করা আমাদের হৃদয়কে উন্মুক্ত করে এবং আমাদের জীবনে ঈশ্বরের ইচ্ছার প্রতি আরও দৃঢ় আনুগত্য প্রদর্শন করে।

এভাবে, কার্যসাধক প্রার্থনা আমাদের জীবনের উদ্দেশ্য, চাহিদা এবং আশার চেয়ে অধিক বৃহত্তর এবং গভীর কিছু সৃষ্টি করে, যা আমাদের ঈশ্বরের সান্নিধ্যে আসার উপযুক্ত পথ তৈরী করে। যখন আমরা ঈশ্বরের ইচ্ছার প্রতি আমাদের হৃদয় উন্মুক্ত করি, তখন আমরা শুধুমাত্র তাঁর আশীর্বাদ ও সহায়তা লাভ করি না, বরং আমরা আত্মিক পরিপূর্ণতা অর্জন করি এবং তাঁর কাছে নিজেদের বিশ্বাসযোগ্যতা প্রমাণ করি।

(গ) উৎসাহ ও চেতনা প্রদানঃ-

ইব্রীয় ১০ অধ্যায় ২৪ থেকে ২৫ পদে বলা হয়েছে –

"এবং আইস, আমরা পরস্পর মনোযোগ করি, যেন প্রেম ও সৎক্রিয়ার সম্বন্ধে পরস্পরকে উদ্দীপিত করিয়া তুলিতে পারি; এবং আপনারা সমাজে সভাস্থ হওয়া পরিত্যাগ না করি—যেমন কাহারও কাহারও অভ্যাস—বরং পরস্পরকে চেতনা দিই; আর তোমরা সেই দিন যত অধিক সন্নিকট হইতে দেখিতেছ, ততই যেন অধিক এ বিষয়ে তৎপর হই।"

এই পদটি আমাদের খ্রীষ্টীয় জীবনে একে অপরকে উৎসাহিত করার গুরুত্বকে শক্তভাবে তুলে ধরে। এটি আমাদের স্মরণ করিয়ে দেয় যে, আমরা একে অপরকে ভালোবাসা,

সৎকর্ম এবং ঈশ্বরের উদ্দেশ্য পূর্ণ করার দিকে উদ্দীপ্ত করতে পারি, এবং এমনভাবে আমাদের বিশ্বাসকে শক্তিশালী করতে পারি যাতে কেউ কখনও একা বা পরিত্যক্ত বোধ না করে। বিশ্বাসীদের মধ্যে একত্রিত হওয়া, একে অপরকে উৎসাহিত করা, চেতনা দান করা এবং পরস্পরের মধ্যে প্রেমের আদান-প্রদান ঘটানো খ্রীষ্টীয় সম্প্রদায়ের মৌলিক আদর্শ। বর্তমান সমাজে যেখানে অনেক মানুষ একাকী এবং বিচ্ছিন্ন হয়ে পড়েছে, সেখানে আমাদের এই দায়িত্ব আরও বড় হয়ে ওঠে, আর সেই কারনেই এই পদ আমাদের চেতনা দিচ্ছে যেন আমরা সভাস্থ ও সম্মিলিত হওয়া পরিত্যাগ না করি।

(য) আধ্যাত্মিক বন্ধুত্বের গুরুত্বঃ-

বিশ্বাসী সম্প্রদায়ের মধ্যে গভীর আধ্যাত্মিক বন্ধুত্ব কেবল ব্যক্তিগত সম্পর্কের ক্ষেত্রে নয়, বরং সমগ্র সম্প্রদায়ের আধ্যাত্মিক উন্নতি এবং স্থিতিশীলতার জন্যও অত্যন্ত গুরুত্বপূর্ণ। হিতোপদেশ ১৭ অধ্যায় ১৭ পদে লেখা আছে -

"বন্ধু সর্ব্বসময়ে প্রেম করে, ভ্রাতা দুর্দ্দশার জন্য জন্মে।"

এই পদটি আমাদের স্মরণ করিয়ে দেয় যে, প্রকৃত বন্ধু কেবলমাত্র ভালো সময়ের সঙ্গী নয়, বরং বিপদ, দুঃখ এবং কঠিন সময়েও পাশে দাঁড়িয়ে আস্থা ও ভরসা প্রদান করে। এটি বিশ্বাসী সম্প্রদায়ের জন্য একটি অত্যন্ত গুরুত্বপূর্ণ বার্তা, কারণ কঠিন সময়েই আমাদের একে অপরের সঙ্গ এবং সহায়তা

সবচেয়ে বেশী প্রয়োজন হয়। আধ্যাত্মিক বন্ধুত্বের মধ্যে রয়েছে একটি গভীর বন্ধন, যা শুধু পার্থিব সুখ এবং শান্তির সাথে সম্পর্কযুক্ত নয়, বরং এটি ঈশ্বরের প্রতি আমাদের বিশ্বাস এবং প্রেমের একটি প্রতিফলন। যখন আমরা জীবনের চ্যালেঞ্জ বা সংঘর্ষের মুখোমুখি হই, তখন একজন আধ্যাত্মিক বন্ধু আমাদের জীবনে ঈশ্বরের উপস্থিতি অনুভব করিয়ে দিতে সাহায্য করতে পারে। এই ধরনের বন্ধুত্ব আমাদের বিশ্বাসকে দৃঢ় করে এবং আমাদেরকে ঈশ্বরের উদ্দেশ্য অনুসরণের পথে সাহস ও শক্তি যোগায়। একজন উত্তম আধ্যাত্মিক বন্ধু কেবল ভালো সময়েই পাশে থাকে না, বরং যখন আমরা আধ্যাত্মিক বা মানসিকভাবে দুর্বল ও ক্লান্ত হয়ে পড়ি, তখন সেই বন্ধু আমাদের শক্তি ও

সাহস যোগানোর জন্য পাশে দাঁড়ায়। এছাড়াও, আধ্যাত্মিক বন্ধুত্ব আমাদের জীবনে সৎকর্ম এবং ঈশ্বরের আদর্শ অনুসরণের জন্য প্রেরণা দান করে। এই বন্ধুত্বের মাধ্যমে আমরা শুধু দুঃখের সময়েই নয়, বরং প্রতিদিনের জীবনে একে অপরকে সাহস ও শক্তি প্রদান করতে পারি, যা আমাদের আধ্যাত্মিক বৃদ্ধি এবং স্থিতিশীলতার জন্য অপরিহার্য।

(৩) দুঃখে সহানুভূতি ও সান্ত্বনাঃ-

২ করিন্থীয় ১ অধ্যায় ৩ থেকে ৪ পদে বলা হয়েছে –

"ধন্য আমাদের প্রভু যীশু খ্রীষ্টের ঈশ্বর ও পিতা; তিনিই করুণাসমষ্টির পিতা এবং সমস্ত সান্ত্বনার ঈশ্বর; তিনি আমাদের সমস্ত ক্লেশের

মধ্যে আমাদিগকে সান্ত্বনা করেন, যেন আমরা নিজে *ঈশ্বরদত্ত যে সান্ত্বনায় সান্ত্বনাপ্রাপ্ত হই, সেই সান্ত্বনা দ্বারা সমস্ত ক্লেশের পাত্রদিগকে সান্ত্বনা করিতে পারি।"*

দুঃখ এবং কষ্টের সময় সান্ত্বনা কেবল একটি তাৎক্ষণিক শান্তি প্রদান করে না, বরং এটি আমাদের হৃদয়কে পুনর্নির্মাণ করতে সাহায্য করে। যখন আমরা অসুস্থ, হতাশ বা ক্ষতির মধ্যে থাকি, তখন ঈশ্বরের সান্ত্বনা আমাদের অন্তরে অভ্যন্তরীণ শক্তি এবং সাহস জোগায়। আমাদের নিজস্ব দুঃখে তিনি যেভাবে আমাদের সান্ত্বনা প্রদান করেন, তেমনই আমরা সেই সান্ত্বনাকে যেন অন্যদের কাছে পৌঁছে দিতে পারি। এটি আমাদের মানবিক দায়িত্বের একটি গুরুত্বপূর্ণ অংশ, যেখানে আমরা শুধুমাত্র নিজেদের জন্য নয়, বরং

ঈশ্বরের সাহায্যে অন্যদেরকেও সহানুভূতির সাথে সাহায্য করতে সচেষ্ট থাকতে পারি। যখন আমরা অন্যদের দুঃখ বা কষ্টের মধ্যে নিজেদের সান্ত্বনা প্রদান করি, তখন আমরা ঈশ্বরের কাজের অংশ হয়ে উঠি।

(চ) সংঘবদ্ধতার শক্তিঃ-

উপদেশক ৪ অধ্যায় ১২ পদে লেখা আছে –

"আর যে একাকী, তাহাকে যদ্যপি কেহ পরাস্ত করে, তথাপি দুই জন তাহার প্রতিরোধ করিবে, এবং ত্রিগুণ সূত্র শীঘ্র ছিঁড়ে না।"

এই পদটি সংঘবদ্ধতার শক্তির গুরুত্বকে তুলে ধরে, যেখানে একত্রিত হওয়া এবং একে অপরের সঙ্গে সহযোগিতা করা বিপদ বা প্রতিকূলতা মোকাবিলায় অত্যন্ত কার্যকরী

ভূমিকা পালন করে। একাকী একজন ব্যক্তির পক্ষে যখন কোনও সমস্যার সম্মুখীন হওয়া কঠিন হয়ে পড়ে, তখন দুইজন বা ততোধিক ব্যক্তি একত্রিত হয়ে নিজেদের শক্তি ও সহযোগিতা প্রয়োগ করে সেই সমস্যা দূর করা অনেক সহজসাধ্য হতে পারে। এখানে বিশেষভাবে **"ত্রিগুণ সূত্র"** – এই শব্দটির উল্লেখ করা হয়েছে, যা একত্রিত হওয়ার শক্তির প্রতীক। এর মাধ্যমে এটি বোঝানো হয়েছে যে, এককভাবে কোনও কিছুতে দৃঢ় থাকা বা কোনও কিছুকে দৃঢ় রাখা তুলনামূলকভাবে সহজ হলেও, যখন তিন বা ততোধিক ব্যক্তি একত্রিত হয়, তখন তাদের দৃঢ়তা ও স্থায়িত্ব অনেক বেশী শক্তিশালী হয়ে ওঠে। সংঘবদ্ধতার মধ্যে রয়েছে শক্তি, সহানুভূতি, এবং সাহায্যের হাত বাড়ানোর

অভ্যাস, যা একজন ব্যক্তিকে (বিশেষ করে একজন বিশ্বাসীকে) আরও দৃঢ় এবং শক্তিশালী করে তোলে। একে অপরের সাহায্যে আমরা যতটা অপ্রতিরোধ্য হতে পারি, ততটাই আমাদের উন্নতির সম্ভাবনা বৃদ্ধি যায়।

(ছ) বাস্তব সহানুভূতি প্রদানঃ-

সহানুভূতি কেবল আবেগ নয়, তা কাজে প্রকাশ পায়।

যাকোব ২ অধ্যায় ১৫ থেকে ১৬ পদে লেখা আছে –

"কোন ভ্রাতা কিম্বা ভগিনী বস্ত্রহীন ও দৈবসিক খাদ্যবিহীন হইলে যদি তোমাদের মধ্যে কোন ব্যক্তি তাহাদিগকে বলে, কুশলে যাও, উষ্ণ ও তৃপ্ত হও, কিন্তু তোমরা

তাহাদিগকে শরীরের প্রয়োজনীয় বস্তু না দেও, তবে তাহাতে কি ফল দর্শিবে?"

প্রকৃত সহানুভূতি অন্যদের চাহিদা পূরণে সক্রিয় ভূমিকা রাখে। যদি আমরা কাউকে তার প্রয়োজনীয় জিনিস না প্রদান কেবলমাত্র ভালো ভালো কথা বলি, তবে সেটির কোনো মূল্য দাঁড়ায় না। প্রকৃত সহানুভূতি তখনই কার্যকর হয়, যখন আমরা অন্যদের শারীরিক, মানসিক, বা আধ্যাত্মিক প্রয়োজনগুলি পূরণে সক্রিয়ভাবে ভূমিকা রাখি। সহানুভূতির কাজটি কেবল ভালোবাসার অনুভূতির মধ্যে সীমাবদ্ধ নয়, বরং তা আমাদের কর্মের মাধ্যমে প্রকাশিত হয়। বিশ্বাসী সম্প্রদায় একজন ব্যক্তির বিশ্বাসকে দৃঢ় করতে এবং কঠিন সময়ে তাঁকে সমর্থন দিতে গুরুত্বপূর্ণ ভূমিকা রাখে। সহানুভূতি ও সমর্থন শুধু

মানসিক শান্তি দেয় না, বরং ঈশ্বরের প্রেমকে দৃশ্যমান করে তোলে। একে অপরের পাশে থেকে, প্রার্থনা করে এবং উৎসাহ দিয়ে আমরা একত্রে আধ্যাত্মিকভাবে শক্তিশালী হতে পারি। বিশ্বাসী সম্প্রদায়ের একটি গুরুত্বপূর্ণ দায়িত্ব হল একে অপরের জন্য শুধুমাত্র প্রার্থনার দ্বারা নয়, বরং বাস্তব সহায়তা প্রদান করেও সমর্থন করা। যখন একজন বিশ্বাসী বা তার পরিবার বিপদে থাকে, তখন তা কেবল তার ব্যক্তিগত সমস্যা নয়, বরং পুরো খ্রীষ্টীয় সম্প্রদায়ের সমস্যা হিসেবে বিবেচনা করা উচিত।

উদাহরণস্বরূপ:- যদি কোনও একজন খ্রীষ্ট বিশ্বাসীর উপর বা বিশ্বাসীর পরিবারের উপর জাগতিক ধর্মীয় গোষ্ঠীগুলির দ্বারা নির্যাতন আসে, তবে সেই নির্যাতন কেবলমাত্র সেই

ব্যক্তির নয়, বরং প্রত্যেকটি বিশ্বাসীর উপর আসা নির্যাতন হিসেবে দেখা উচিত এবং একসাথে মোকাবিলা করা উচিত।

আমাদের সহানুভূতি যেন শুধুমাত্র মনের মধ্যে পুষে রাখা একটি আবেগ হয়েই না থেকে যায়, বরং তা যেন আমাদের কাজের মধ্যে প্রতিফলিত হতে থাকে। বিশ্বাসী সম্প্রদায় হিসেবে আমাদের মূল লক্ষ্য হওয়া উচিত, একে অপরকে ঈশ্বরের নামে সাহায্য করা এবং তার প্রেমের দ্বারা দৃশ্যমানভাবে একে অপরকে সমর্থন করা। এভাবে, বাস্তব সহায়তার মাধ্যমে আমরা শুধু নিজেদের আধ্যাত্মিক শক্তি বৃদ্ধি করি না, বরং অন্যদের মধ্যে ঈশ্বরের ভালোবাসা এবং দয়া প্রদর্শন করি। একে অপরের পাশে দাঁড়িয়ে, একে অপরের জন্য প্রার্থনা করে, এবং তাদের

শারীরিক ও মানসিক প্রয়োজন মেটানোর মাধ্যমে, আমরা একটি শক্তিশালী এবং ঐক্যবদ্ধ খ্রীষ্টীয় বিশ্বাসী সম্প্রদায় গড়ে তুলতে পারি।

অধ্যায় ৬

আধ্যাত্মিক যুদ্ধ

এবং জয়লাভ

খ্রীষ্ট বিশ্বাসীরা আধ্যাত্মিক যুদ্ধের মুখোমুখি হবে, এটি স্বাভাবিক বিষয়। শয়তান আমাদের বিশ্বাস নষ্ট করতে সর্বদা তৎপর রয়েছে।

১ পিতর ৫ অধ্যায় ৮ পদে লেখা রয়েছে –

"তোমরা প্রবুদ্ধ হও, জাগিয়া থাক; তোমাদের বিপক্ষ দিয়াবল, গর্জ্জনকারী সিংহের ন্যায়, কাহাকে গ্রাস করিবে, তাহার অন্বেষণ করিয়া বেড়াইতেছে।"

৬.১. ঈশ্বরের সমগ্র যুদ্ধসজ্জা পরিধান করাঃ-

প্রতিদিনের আধ্যাত্মিক যুদ্ধে বিশ্বাসীদের ঈশ্বরের সম্পূর্ণ যুদ্ধসজ্জা ধারণ করা অত্যন্ত গুরুত্বপূর্ণ। প্রেরিত পৌল তার ইফিষীয়দের

প্রতি পত্রের ৬ অধ্যায় ১০ থেকে ১৮ পদে খ্রীষ্ট বিশ্বাসীদের শয়তানের কৌশল এবং আত্মীক যুদ্ধের মুখোমুখি হওয়ার জন্য প্রস্তুত থাকতে বলেন। এই অস্ত্রগুলি শুধুমাত্র আত্মরক্ষার জন্য নয়, বরং শয়তানের আক্রমণের সাথে মোকাবিলা করার জন্যও। ঈশ্বরের সম্পূর্ণ অস্ত্র ধারণ করলে আমরা বিশ্বাসে অবিচল থাকতে এবং বিজয়ী হতে সক্ষম হবো।

(ক) সত্যের কটিবন্ধনী (ইফিষীয় ৬ঃ১৪)ঃ–

সত্য আত্মিক জীবনে দৃঢ়তার ভিত্তি। শয়তান মিথ্যার জনক (যোহন ৮:৪৪), তাই সত্য জানলে ও অনুসরণ করলে আমরা শয়তানের প্রতারণা থেকে মুক্ত থাকতে পারি। যোহন

১৪ অধ্যায় ৬ পদে যীশু নিজেই বলেছেন –
"আমিই পথ ও সত্য ও জীবন;... ।"

খ্রীষ্টীয় জীবনে সত্যের প্রতি আনুগত্য আমাদের ভিত্তিকে শক্তিশালী করে। সত্য হল সেই শক্তি, যা আমাদের বিশ্বাস ও কর্মের মধ্যে স্থিতিশীলতা আনে। আমাদের জীবনকে শয়তানের মিথ্যাচার থেকে রক্ষা করতে যদি আমরা সত্যের পথে চলি, তবে আমরা একদিকে যেমন শয়তানের বিপদ ও প্রতারণা থেকে নিরাপদ থাকতে পারি, তেমনই অন্যদিকে খ্রীষ্টের সাথে সম্পর্ক গভীর ও সুদৃঢ় করে তুলতে সক্ষম হই।

এছাড়াও, সত্য আমাদের হৃদয়ে শান্তি এবং পরিপূর্ণতা নিয়ে আসে। এটি আমাদের আত্মবিশ্বাস ও সাহসী করে তোলে, কারণ

আমরা জানি যে আমরা যীশুর সাথে রয়েছি, যিনি সত্যের মূল সত্তা। সত্যের এই দৃঢ় ভিত্তির ওপর দাঁড়িয়ে, আমাদের জীবনের সমস্ত ক্ষেত্রে খ্রীষ্টের প্রতি আনুগত্য ও প্রেম বজায় রাখা সম্ভব।

(খ) ধার্মিকতার বুকপাটা (ইফিষীয় ৬ঃ১৫)ঃ–

বুকপাটা বা বর্ম একজন সৈনিকের জন্য গুরুত্বপূর্ণ সুরক্ষা। একইভাবে, ঈশ্বরের ধার্মিকতা আমাদের আত্মিকভাবে রক্ষা করে। আমরা নিজেদের ধার্মিকতা দ্বারা নয়, বরং খ্রীষ্টের ধার্মিকতায় আচ্ছাদিত হই (২ করিন্থীয় ৫:২১)। ধার্মিক জীবনযাপন করলে আমরা শয়তানের অভিযোগ ও আক্রমণ থেকে নিরাপদ থাকি। সৈনিকের বুকপাটা যেমন তার হৃদয় এবং পেটের অংশকে রক্ষা করে,

ঠিক তেমনই ঈশ্বরের ধার্মিকতা আমাদের আত্মীক হৃদয় এবং চিন্তাধারা সুরক্ষিত রাখে। শয়তান সর্বদা আমাদের বিরুদ্ধে অভিযোগ তুলতে ও আমাদের দুর্বলতা খুঁজে বের করতে চেষ্টা করে, কিন্তু যখন আমরা খ্রীষ্টের ধার্মিকতায় আচ্ছাদিত থাকি, তখন তাঁর শুদ্ধতা ও পবিত্রতা আমাদের পক্ষে দাঁড়ায়। ধার্মিকতার বুকপাটা আমাদের আত্মিক সুরক্ষার জন্য অত্যন্ত গুরুত্বপূর্ণ, কারণ এটি আমাদেরকে ঈশ্বরের পবিত্রতা ও সত্যের মধ্যে স্থিতিশীল রাখে এবং শয়তানের কাছে আমাদের পতন হওয়া কঠিন করে তোলে।

(গ) শান্তির সুসমাচারের সুসজ্জতার পাদুকা (ইফিষীয় ৬ঃ১৫)ঃ–

শান্তির সুসমাচার আমাদের স্থির ও প্রস্তুত রাখে। খ্রীষ্টের অনুসারীরা অন্যদের কাছে এই সুসমাচার প্রচার করে এবং নিজেদের হৃদয়ে ঈশ্বরের শান্তি ধারণ করে। আত্মীক যুদ্ধের সময় সুসমাচার প্রচার আমাদের সাহস ও স্থিরতা প্রদান করে। পাদুকা বা জুতো একজন সৈনিকের জন্য খুবই গুরুত্বপূর্ণ, কারণ এটি তাকে ভালোভাবে চলাচল করতে সক্ষম করে এবং প্রতিটি পদক্ষেপে সুরক্ষা প্রদান করে। তেমনই, শান্তির সুসমাচারের পাদুকা আমাদের জন্য একটি আধ্যাত্মিক সুরক্ষা হিসেবে কাজ করে, যা আমাদের চলার পথে স্থিরতা ও দৃঢ়তা প্রদান করে। যেহেতু শান্তি ঈশ্বরের পক্ষ থেকে আসে এবং খ্রীষ্টের আত্মা আমাদের মধ্যে বাস করে, সেহেতু আমাদের জীবনে এই শান্তির

সুসমাচার আমাদের গন্তব্যে পৌঁছানোর পথে সহায়ক হয়ে ওঠে।

ফিলিপীয় ৪ অধ্যায় ৭ পদে বলা হয়েছে –

"তাহাতে সমস্ত চিন্তার অতীত যে ঈশ্বরের শান্তি, তাহা তোমাদের হৃদয় ও মন খ্রীষ্ট যীশুতে রক্ষা করিবে।"

এটি নির্দেশ করে যে ঈশ্বরের শান্তি আমাদের অন্তরকে রক্ষা করে এবং আমাদের আত্মীক যুদ্ধের সময় মনে স্থিরতা এনে দেয়। যখন আমরা শান্তির সুসমাচার প্রচার করি, তখন এটি শুধু অন্যদের জন্যই সহায়ক হয় না, বরং আমাদের নিজেদের জন্যও এটি এক শক্তির উৎস হয়ে দাঁড়ায়।

আত্মীক যুদ্ধের সময় শয়তান আমাদের মধ্যে উদ্বেগ, ভয় এবং দুশ্চিন্তা সৃষ্টি করতে চায়। তবে শান্তির সুসমাচার আমাদের সাহসী এবং স্থির থাকতে সাহায্য করে। এটি আমাদের জ্ঞাত করে যে, খ্রীষ্টের মধ্যে আমাদের শান্তি রয়েছে এবং আমাদের উদ্দেশ্য স্বচ্ছ। আমাদের প্রতিটি পদক্ষেপ ঈশ্বরের শান্তি দ্বারা পরিচালিত হলে, আমরা আমাদের পথ থেকে বিচ্যুত হই না এবং যেকোনো বাধা বা বিপত্তি অতিক্রম করতে সক্ষম হই। শান্তির সুসমাচারের সুসজ্জতার পাদুকা কেবলমাত্র আমাদেরকে নিজেদের আত্মিক যুদ্ধে প্রস্তুত রাখে না, বরং আমাদের আশেপাশের মানুষদের জন্যও এটি ঈশ্বরের প্রেম ও শান্তির বার্তা ছড়িয়ে দেয়।

(ঘ) বিশ্বাসের ঢাল (ইফিষীয় ৬ঃ১৬)ঃ-

একজন সৈনিকের ঢাল তার প্রধান আত্মরক্ষার হাতিয়ার। আমাদের বিশ্বাস সেই ঢালের মতো, যা শয়তানের আক্রমণ থেকে আমাদের রক্ষা করে। শয়তান আমাদের সন্দেহ ও ভয় দ্বারা আক্রমণ করতে পারে, কিন্তু ঈশ্বরে দৃঢ় বিশ্বাস এই আক্রমণগুলিকে নিষ্ক্রিয় করে। ঢাল হচ্ছে এমন এক ধরনের সুরক্ষা যা সৈনিককে শত্রুর আক্রমণ থেকে রক্ষা করে, বিশেষত তীর বা কোনও তীক্ষ্ণ অস্ত্রের আক্রমণ থেকে। ঈশ্বরদত্ত বিশ্বাসের ঢালও আমাদের আত্মীক জীবনকে শয়তানের সব ধরনের তীক্ষ্ণ পরিকল্পনা ও আক্রমণ থেকে রক্ষা করে। আমাদের মনে রাখতে হবে যে, বিশ্বাস শুধুমাত্র একটি ধারণা নয়, বরং এটি একটি শক্তিশালী প্রতিরক্ষা ব্যবস্থা। যখন আমরা বিশ্বাসের ভিত্তিতে দাঁড়িয়ে থাকি,

তখন আমাদের শত্রু কোনো ক্ষতি করতে পারে না, কারণ ঈশ্বরের শক্তি আমাদের সঙ্গে থাকে। বিশ্বাসের ঢাল আমাদের আত্মিক যুদ্ধে জয়ী হতে সাহায্য করে এবং ঈশ্বরের প্রতি আমাদের আস্থা আরও গভীর ও দৃঢ় করে তোলে। ঈশ্বরে দৃঢ় বিশ্বাস আমাদের আত্মিক অস্তিত্বের ভিত্তি এবং নিরাপত্তা নিশ্চিত করে, যা শয়তান কখনও ধ্বংস করতে পারে না।

(ঙ) পরিত্রাণের শিরস্ত্রাণ (ইফিষীয় ৬:১৭):-

শিরস্ত্রাণ বা টুপি আমাদের মস্তক রক্ষা করে, যেমন আমাদের আত্মার পরিত্রাণ শয়তানের মানসিক আক্রমণ থেকে আমাদের রক্ষা করে। পরিত্রাণের আশ্বাস আমাদের মনে শান্তি ও নিরাপত্তা প্রদান করে। যারা খ্রীষ্টে বিশ্বাস রাখেন, তাদের জন্য পরিত্রাণ একটি

নিশ্চিত আশ্বাস। একজন সৈনিকের শিরস্ত্রাণ তার শারীরিক সুরক্ষার জন্য অপরিহার্য, বিশেষ করে তার মস্তককে শত্রুর আক্রমণ থেকে রক্ষা করার জন্য। তেমনই, পরিত্রাণের শিরস্ত্রাণ আমাদের আত্মীক জীবনেও অত্যন্ত গুরুত্বপূর্ণ, কারণ এটি আমাদের মস্তকের অভ্যন্তরে বিকশিত চিন্তা ও অনুভূতিকে শয়তানের মানসিক আক্রমণ, বিভ্রান্তি এবং সন্দেহ থেকে রক্ষা করে। শয়তান সর্বদা আমাদের মনে দুশ্চিন্তা, ভয়, এবং আত্মবিশ্বাসহীনতা ঢুকিয়ে দেওয়ার চেষ্টা করে, যাতে আমরা আমাদের পরিত্রাণে বিশ্বাস হারিয়ে ফেলি। কিন্তু পরিত্রাণের আশ্বাস আমাদের মনে ঈশ্বরের নিরাপত্তা ও শান্তির অনুভূতি সৃষ্টি করে, যা আমাদের আত্মীক সুরক্ষা এবং শক্তির উৎস হয়ে দাঁড়ায়।

পরিত্রাণের শিরস্ত্রাণ আমাদের মনে শান্তি বয়ে আনে, কারণ আমরা জানি যে, খ্রীষ্ট আমাদের জন্য নিজের জীবন দিয়েছেন এবং আমাদের পাপ থেকে পরিত্রাণ দিয়েছেন। এই নিশ্চিত আশ্বাস আমাদের শয়তানের আক্রমণের বিরুদ্ধে একটি দৃঢ় প্রতিরক্ষা তৈরি করে। যখন আমরা জানি যে আমরা পরিত্রাণ লাভ করেছি, তখন শয়তানের কোনও প্রকার শয়তানি আক্রমণ আমাদের আত্মবিশ্বাসকে বিনষ্ট করতে পারে না। পরিত্রাণের আশ্বাস আমাদের মস্তিষ্কে এবং হৃদয়ে ঈশ্বরের পক্ষে একটি অটুট বিশ্বাস প্রতিষ্ঠিত করে, যা শয়তানের সমস্ত মানসিক আক্রমণকে প্রতিহত করতে সক্ষম। যারা খ্রীষ্টে বিশ্বাস রাখেন, তাদের জন্য পরিত্রাণ শুধুমাত্র একটি আশা নয়, বরং এটি একটি নিশ্চিত ভবিষ্যৎ।

(চ) আত্মার খড়গ, অর্থাৎ ঈশ্বরের বাক্য (ইফিষীয় ৬ঃ১৭)ঃ-

খড়্গ বা তলোয়ার অত্যন্ত আক্রমণাত্মক এবং আত্মরক্ষার একটি প্রধান অস্ত্র। ঈশ্বরের বাক্যকে এখানে সেই খড়্গের সাথে তুলনা করা হয়েছে, যা দ্বিধার খড়্গের থেকেও তীক্ষ্ণ, যা প্রাণ ও আত্মা, গ্রন্থি ও মজ্জা, এই সকলের বিভেদ পর্য্যন্ত মর্ম্মবেধী, এবং হৃদয়ের চিন্তা ও বিবেচনার সূক্ষ্ম বিচারক (ইব্রীয় ৪:১২)। যীশু নিজে মরুভূমিতে শয়তানের প্রতিটি আক্রমণ ঈশ্বরের বাক্য দ্বারা প্রতিহত করেছিলেন (মথি ৪:১-১১)। যথাযথভাবে শয়তানকে পরাস্ত করতে, ঈশ্বরের বাক্যই হল সবচেয়ে শক্তিশালী অস্ত্র। একজন সৈনিক যেমন তার তলোয়ার দিয়ে শত্রুর আক্রমণ প্রতিহত করে এবং প্রতি-আক্রমণ করতে

সক্ষম হয়, তেমনি ঈশ্বরের বাক্যও আমাদের আত্মীক জীবনে শয়তানের আক্রমণকে পরাস্ত করতে সক্ষম। ঈশ্বরের বাক্য এমন একটি শক্তিশালী অস্ত্র, যা কেবল আমাদের রক্ষা করে না, বরং শয়তানকে পরাজিত করতেও আমাদের সহায়ক হয়। এছাড়াও, ঈশ্বরের বাক্য শুধু বাহ্যিক আক্রমণ থেকে আমাদের রক্ষা করে না, বরং এটি আমাদের অন্তর্দৃষ্টি ও চিন্তা-ভাবনাকে স্পর্শ করে, আমাদের অন্তরের অবস্থা এবং উদ্দেশ্যকেও পরিষ্কারভাবে প্রকাশ করে। ঈশ্বরের বাক্য আমাদের জীবনে এক ধরনের শাসন এবং নির্দেশিকা হিসেবে কাজ করে। এটি আমাদের বিশ্বাসকে দৃঢ় করে এবং আমাদের মনকে ঈশ্বরের সত্যের দিকে পরিচালিত করে। যখন আমরা ঈশ্বরের বাক্যকে হৃদয়ে

ধারণ করি, তখন তা আমাদের আত্মিক যুদ্ধের সবচেয়ে শক্তিশালী অস্ত্র হয়ে ওঠে। যখন আমরা ঈশ্বরের বাক্যকে আমাদের জীবনে অগ্রাধিকার দিই এবং এটি আমাদের অস্ত্র হিসেবে ব্যবহার করি, তখন আমরা শয়তান এবং তার সমস্ত বিভ্রান্তিগুলি থেকে মুক্তির পথের সন্ধান পেতে সক্ষম হই। এটি আমাদের আত্মিক যুদ্ধে অপরিহার্য একটি অংশ, যা আমাদের ঈশ্বরের সঙ্গে সম্পর্ক আরও গভীর করে তোলে এবং আমাদের প্রতিদিনের সংঘর্ষ মোকাবিলায় সহায়ক হয়।

(ছ) সর্ববিধ প্রার্থনা ও বিনতি সহকারে সর্বসময়ে আত্মাতে প্রার্থনা (ইফিষীয় ৬ঃ১৮)ঃ–

প্রার্থনা ঈশ্বরের সাথে আমাদের সংযোগ স্থাপন করে এবং আত্মিক শক্তি যোগায়।

ধারাবাহিক প্রার্থনা আমাদের আত্মিক অস্ত্র ব্যবহারে দক্ষ করে তোলে এবং আমাদের আস্থা বজায় রাখতে সাহায্য করে। ঈশ্বরের সাথে গভীর সম্পর্ক গড়ে তুলতে প্রার্থনা একটি অত্যন্ত গুরুত্বপূর্ণ উপকরণ, যা আমাদের হৃদয়ে ঈশ্বরের উপস্থিতি অনুভব করতে সহায়ক হয়।

ঈশ্বরের সম্পূর্ণ অস্ত্র গ্রহণ করলে আমরা আত্মিক যুদ্ধের জন্য প্রস্তুত থাকতে পারি এবং শয়তানের প্রতিটি আক্রমণের বিরুদ্ধে দাঁড়াতে পারি। সত্য, ধার্মিকতা, সুসমাচার, বিশ্বাস, পরিত্রাণ, ঈশ্বরের বাক্য এবং প্রার্থনা— এই সাতটি অস্ত্র আমাদের আধ্যাত্মিকভাবে সুরক্ষিত এবং শক্তিশালী রাখে। বিশ্বাসীরা যদি প্রতিদিন ঈশ্বরের সম্পূর্ণ অস্ত্র ধারণ করে, তবে তারা ঈশ্বরে

অবিচল থেকে বিজয় লাভ করতে সক্ষম হয়। প্রার্থনা আমাদের ঈশ্বরের কাছ থেকে প্রতিদিনের শক্তি গ্রহণের মাধ্যম হিসেবে কাজ করে। এটি আমাদের আত্মা, মন, ও দেহকে শুদ্ধ করে, আমাদের বিশ্বাসকে দৃঢ় করে, এবং আমাদের জীবনকে ঈশ্বরের পরিকল্পনার সাথে সঙ্গতিপূর্ণ রাখে। প্রার্থনা কেবল একটি আবেদন নয়, এটি একটি আধ্যাত্মিক অভ্যাস যা আমাদের অন্তরের গভীরে ঈশ্বরের সাথে নিবিড় সম্পর্ক স্থাপন করে। তবে প্রার্থনার মাধ্যমে ঈশ্বরের সঙ্গে সম্পর্ক গড়ে তুলতে গেলে শুধু আত্মবিশ্বাসী মনোভাবই যথেষ্ট নয়, বরং নিখুঁত আত্মসমর্পণ ও শুদ্ধতা (পবিত্রতা) প্রয়োজন। বিশ্বাসীরা যখন এই প্রার্থনা ও আত্মিক অস্ত্র ধারণ করে ঈশ্বরের কাছে নিবেদিত থাকে,

তখন তারা যে কোনও আধ্যাত্মিক সংগ্রামে ঈশ্বরের সাহায্যে বিজয়ী হয়ে উঠতে পারে।

অধ্যায় ৭

পরীক্ষায় ধৈর্যশীল থাকা

যাকোব ১ অধ্যায় ১২ পদে লেখা আছে –

"ধন্য সেই ব্যক্তি, যে পরীক্ষা সহ্য করে; কারণ পরীক্ষাসিদ্ধ হইলে পর সে জীবনমুকুট প্রাপ্ত হইবে, তাহা প্রভু তাহাদিগকেই দিতে অঙ্গীকার করিয়াছেন, যাহারা তাঁহাকে প্রেম করে।"

এই পদে প্রভু ঈশ্বরের প্রতি বিশ্বস্ততা এবং আস্থা বজায় রাখার জন্য একটি অত্যন্ত গুরুত্বপূর্ণ বার্তা প্রদান করা হয়েছে। এখানে পরীক্ষার সময় ধৈর্য ধারণ ও সহ্য করার জন্য যে ব্যক্তি ঈশ্বরের প্রতি ভালোবাসা ও বিশ্বস্ততা দেখায়, তাকে ঈশ্বর জীবনমুকুট উপহার দেবেন, যা চিরকালীন জীবন এবং শাশ্বত পুরস্কারের প্রতীক। এটি একটি গভীর আধ্যাত্মিক দৃষ্টিকোণ যা বিশ্বাসীদেরকে

পরীক্ষার মুখে অবিচল থাকতে উৎসাহিত করে। জীবনের নানা পরীক্ষার মুখে যখন আমরা ঈশ্বরের উপর বিশ্বাস ও প্রেম বজায় রাখি, তখন সেই আধ্যাত্মিক শক্তি আমাদের সহায়তা করে। পরীক্ষায় উত্তীর্ণ হয়ে, জীবনমুকুট অর্জন করার প্রতিশ্রুতি ঈশ্বর দিয়েছেন, এবং এটি একটি মূল্যবান পুরস্কার, যা ঈশ্বরের রাজ্যে চিরস্থায়ী (অনন্ত) জীবন এবং আনন্দের প্রতীক।

বিশ্বাসীদের জন্য এটি একটি বড় আশীর্বাদ, কারণ প্রভু তাদের প্রতি স্নেহ ও ভালোবাসা প্রকাশ করেছেন। এই জীবনমুকুট কেবল আধ্যাত্মিক অর্জন নয়, বরং এটি ঈশ্বরের রাজ্যে একটি সম্মানজনক স্থান লাভেরও প্রতীক। ঈশ্বরের প্রেমে যারা অটুট থাকে এবং তাঁর আদেশ অনুসরণ করে, তারা

একদিন এই অমূল্য পুরস্কারটি পেতে চলেছেন, যা তাদের পরীক্ষার মাধ্য দিয়ে ঈশ্বরের প্রতি বিশ্বাসের এক চূড়ান্ত স্বীকৃতি।

৭.১. ধৈর্যের পুরস্কারঃ-

ধৈর্য একজন খ্রীষ্ট বিশ্বাসীর জীবনে অত্যন্ত গুরুত্বপূর্ণ গুণনাবলীগুলির মধ্যে একটি। ঈশ্বরের প্রতি বিশ্বাস ও নির্ভরতার মাধ্যমে ধৈর্য ধীরে ধীরে আত্মীক জীবনকে সমৃদ্ধ করে এবং আশীর্বাদ নিয়ে আসে। বাইবেল আমাদের শিক্ষা দেয় যে, যারা ধৈর্য ধরে অপেক্ষা করে, তারা ঈশ্বরের কাছ থেকে শক্তি, আশীর্বাদ এবং আত্মীক পরিপক্কতা লাভ করে। ধৈর্য শুধু একধরনের অপেক্ষা নয়, এটি এক ধরনের আত্মিক শক্তি যা ঈশ্বরের পরিকল্পনার প্রতি আমাদের বিশ্বাস

দৃঢ় করে এবং সঠিক সময়ে সঠিক ফল প্রাপ্তির জন্য আমাদের প্রস্তুত রাখে। বাইবেল অনুযায়ী ঈশ্বর কখনও আমাদের মন্দ বিষয়ের দ্বারা পরীক্ষায় ফেলেন না, বরং আমাদের পরিশ্রম ও ধৈর্য প্রদান করে তাঁর পরিকল্পনার পূর্ণতা লাভের সুযোগ দেন।

যাকোব ৫ অধ্যায় ৭ থেকে ৮ পদে লেখা আছে –

"অতএব, হে ভ্রাতৃগণ, তোমরা প্রভুর আগমন পর্য্যন্ত দীর্ঘসহিষ্ণু থাক। দেখ, কৃষক ভূমির বহুমূল্য ফলের অপেক্ষা করে এবং যত দিন তাহা প্রথম ও শেষ বর্ষা না পায়, তত দিন তাহার বিষয়ে দীর্ঘসহিষ্ণু থাকে। তোমরাও দীর্ঘসহিষ্ণু থাক, আপন আপন হৃদয় সুস্থির কর, কেননা প্রভুর আগমন সন্নিকট।"

এই পদটি আমাদের একটি শক্তিশালী শিক্ষা প্রদান করে, যা বিশ্বাসীদের ধৈর্য এবং প্রভুর আগমনের অপেক্ষায় আত্মীক দৃঢ়তা রাখার প্রয়োজনীয়তা সম্পর্কে আলোকপাত করে। এই পদ দুটিতে যাকোব বিশ্বাসীদেরকে একটি শক্তিশালী উপমা দিচ্ছেন— কৃষকের মতো বিশ্বাসীদের ধৈর্য ধারণ করতে উৎসাহিত করা হচ্ছে। কৃষক তার জমিতে বীজ বপন করে এবং তারপর ফলনের জন্য বর্ষার অপেক্ষা করে। একজন কৃষক জানে যে, ফলন আসতে সময়ের প্রয়োজন। সেই কারণে সে প্রথম বর্ষা থেকে শুরু করে শেষ বর্ষা পর্যন্ত ধৈর্য ধরে থাকে। এই ধৈর্য এবং অপেক্ষার মাধ্যমে কৃষক জানে যে, একদিন সে তার কঠোর পরিশ্রমের ফল প্রাপ্ত হবে। ঠিক তেমনই আমাদেরও শেষ বর্ষা (প্রভুর

আগমনের দিন) পর্যন্ত ধৈর্যশীল থাকতে হবে, যেন আমরা সেই ফসল বা ফলন (জীবনমুকুট) প্রাপ্ত হতে পারি। আমাদের আধ্যাত্মিক জীবনে ধৈর্য এবং অপেক্ষা করা ঈশ্বরের পরিকল্পনার প্রতি বিশ্বাস এবং সমর্পণ বোঝায়।

এখানে যাকোব বিশ্বাসীদেরকে আরও একটি গুরুত্বপূর্ণ উপদেশ দিয়েছেন— যেন তারা নিজেদের হৃদয়কে সুস্থির ও দৃঢ় রাখে। আধ্যাত্মিক জীবনে আমরা অনেক সময়ই দুশ্চিন্তা, কষ্ট এবং পরীক্ষার মুখোমুখি হই, কিন্তু যাকোব বলছেন, এসবের মধ্যে আমাদের হৃদয়ে শান্তি এবং স্থিরতা বজায় রাখতে হবে। ঈশ্বরের পরিকল্পনায় আমাদের আস্থা রাখতে হবে এবং জানতে হবে যে,

প্রভুর আগমন সন্নিকট, অর্থাৎ, তাঁর আগমনের সময়ে সব কিছু পূর্ণ হবে।

(ক) ঈশ্বরের কাছ থেকে শক্তি লাভ করাঃ-

কঠিন সময়ে ধৈর্য ধারণের মাধ্যমে আমরা ঈশ্বরের কাছ থেকে নতুন শক্তি প্রাপ্ত হই। যিশাইয় ৪০ অধ্যায় ৩১ পদে লেখা আছে –

"কিন্তু যাহারা সদাপ্রভুর অপেক্ষা করে, তাহারা উত্তরোত্তর নূতন শক্তি পাইবে; তাহারা ঈগল পক্ষীর ন্যায় পক্ষসহকারে উর্দ্ধে উঠিবে; তাহারা দৌড়িলে শ্রান্ত হইবে না; তাহারা গমন করিলে ক্লান্ত হইবে না।"

এই প্রতিশ্রুতি আমাদের শিক্ষা দান করে যে, যারা ঈশ্বরের উপর নির্ভরশীল হয়ে অপেক্ষা করে থাকে, তারা ক্লান্ত হয়ে পড়ে না বরং ঈশ্বর তাদের অভ্যন্তরীণ শক্তি দ্বারা পূর্ণ

করেন। যখন জীবন কঠিন হয়ে ওঠে, তখন ধৈর্যের সঙ্গে ঈশ্বরে বিশ্বাস রাখলে আমরা আধ্যাত্মিকভাবে নবীকরণ লাভ করি।

এখানে ঈগলের উদাহরণ দেওয়া হয়েছে। ঈগল পাখি আকাশে উড়ে যাওয়ার জন্য তার শক্তিকে সর্বোচ্চভাবে ব্যবহার করে, এবং যখন সে আকাশে ওঠে, সে ক্লান্ত হয় না। ঈশ্বরও আমাদেরকে এই ধরনের অভ্যন্তরীণ শক্তি প্রদান করেন, যাতে আমরা জীবনের সমস্যাগুলির বিরুদ্ধে লড়াই করতে পারি এবং শেষ পর্যন্ত অপরাজিত থাকতে পারি। ধৈর্য এবং ঈশ্বরে বিশ্বাস আমাদের জীবনে নতুন শক্তির প্রবাহ সৃষ্টি করে। ঈশ্বর আমাদের ক্লান্তি, হতাশা এবং মানসিক দুশ্চিন্তা দূর করে, আমাদের আত্মাকে পুনরুজ্জীবিত করে এবং আমাদের পুনরায়

চলার শক্তি দান করেন। যখন আমরা ঈশ্বরের উপর নির্ভরশীল হয়ে তাঁর পরিকল্পনার জন্য অপেক্ষা করি, তখন তিনি আমাদের আধ্যাত্মিকভাবে শক্তিশালী করে আমাদের চলার পথ সহজ করে দেন।

২ করিন্থীয় ১২ অধ্যায় ৯ পদে প্রভু যীশু প্রেরিত পৌলকে আশ্বাস দিয়ে বলেছেন –

"আমার অনুগ্রহ তোমার পক্ষে যথেষ্ট; কেননা আমার শক্তি দুর্ব্বলতায় সিদ্ধি পায়।"

এবং প্রেরিত পৌল এই আশ্বাসের পরিপ্রেক্ষিতে বলেছেন –

"অতএব আমি বরং অতিশয় আনন্দের সহিত নানা দুর্ব্বলতায় শ্লাঘা করিব, যেন খ্রীষ্টের শক্তি আমার উপরে অবস্থিতি করে।"

এটি একটি গভীর আধ্যাত্মিক শিক্ষা, যেখানে প্রভু যীশু তাঁর অনুগ্রহের মাধ্যমে একজন বিশ্বাসীকে শক্তি প্রদান করেন, বিশেষত যখন সে দুর্বল ও হতাশাগ্রস্ত হয়ে পড়ে। এখানে যীশু বলছেন যে, তাঁর শক্তি শুধুমাত্র দুর্বলতা এবং কষ্টের মধ্যে থেকেই পূর্ণরূপে কার্যকরী হয়। যে সময়ে আমরা নিজেদের অসহায়, দুর্বল বা ক্লান্ত অনুভব করি, তখনই ঈশ্বরের শক্তি আমাদের জীবনে কাজ করতে পারে, কারণ তখন আমাদের বিশ্বাস ঈশ্বরের প্রতি স্থানান্তরিত হয়।

এই কারণে প্রেরিত পৌল তার দুর্বলতা, কষ্ট এবং বাধাকে স্বীকার করে সেগুলির মধ্যে আনন্দিত থাকতেন, কারণ তিনি জানতেন যে, এই দুর্বলতার মাধ্যমে খ্রীষ্টের শক্তি তার উপর কার্যকর হবে। পৌলের এই দৃষ্টিভঙ্গি

আমাদের জন্য একটি শক্তিশালী শিক্ষা প্রদান করে, যে কষ্ট এবং দুর্বলতা আমাদের ঈশ্বরের শক্তি উপলব্ধি করার জন্য একটি উপলক্ষ হিসেবে কাজ করতে পারে। পৌল জানতেন যে, তার দুর্বলতা শুধুমাত্র তার নিজের অক্ষমতা নয়, বরং এটি ঈশ্বরের শক্তির প্রদর্শনী। যীশুর শক্তি তখনই আমাদের জীবনে সবচেয়ে শক্তিশালী এবং কার্যকরী হয়ে ওঠে, যখন আমরা নিজেদের সীমাবদ্ধতা এবং দুর্বলতাগুলিকে স্বীকার করি এবং ঈশ্বরের ওপর নির্ভর করি।

(খ) আত্মিক পরিপক্বতা অর্জনঃ-

ধৈর্য আমাদের বিশ্বাসকে পরিশুদ্ধ করে এবং আত্মিকভাবে পূর্ণতা অর্জনে সাহায্য করে। বাইবেল অনুযায়ী, একমাত্র ঈশ্বরের ইচ্ছার

প্রতি আত্মসমর্পণ এবং ধৈর্য ধারণের মাধ্যমে আমরা সত্যিকারের আত্মীক পরিপক্কতা অর্জন করতে পারি। যাকোব ১ অধ্যায় ৩ থেকে ৪ পদে বলা হয়েছে –

"জানিও, তোমাদের বিশ্বাসের পরীক্ষাসিদ্ধতা ধৈর্য্যসাধন করে। আর সেই ধৈর্য্য সিদ্ধ কার্য্যবিশিষ্ট হউক, যেন তোমরা সিদ্ধ ও সম্পূর্ণ হও, কোন বিষয়ে তোমাদের অভাব না থাকে।"

এখানে যাকোব আমাদের শিক্ষা দিয়েছেন যে, পরীক্ষার মাধ্যমে আমাদের বিশ্বাসের পরিশুদ্ধি ঘটে, এবং এটি ধৈর্য্যের মধ্য দিয়ে আমাদের আত্মীক পরিপক্কতা অর্জনে সহায়ক হয়। যখন আমাদের জীবনে পরীক্ষার সময় আসে, তখন তা শুধু আমাদের মানসিক বা শারীরিক

শক্তি পরীক্ষা করে না, বরং আমাদের আধ্যাত্মিক শক্তি ও বিশ্বাসের গভীরতাও পরীক্ষা করে। এই সকল পরীক্ষার মধ্যে যদি আমরা ধৈর্য ধারণ করি এবং ঈশ্বরের প্রতি আমাদের আস্থা অটুট রাখি, তখন আমাদের বিশ্বাস আরও দৃঢ় হয়ে ওঠে এবং আমরা পরিপক্ক হয়ে ওঠার জন্য এক ধাপ এগিয়ে যাই।

ধৈর্য সাধন, বিশ্বাসের পরীক্ষা এবং ঈশ্বরের ইচ্ছার প্রতি আত্মসমর্পণ— এই সমস্ত কিছু আমাদের আধ্যাত্মিক জীবনে পরিপক্কতার পথে এগিয়ে নিয়ে যায়। প্রত্যেকটি সংগ্রাম আমাদের পরিপূর্ণতাকে আরও স্পষ্ট করে তোলে, যেন আমরা ঈশ্বরের আদর্শে পুরোপুরি গড়ে উঠতে পারি। এছাড়াও, প্রত্যেকটি সংগ্রাম আমাদের আধ্যাত্মিক

জীবনে নতুন এক ধাপ তৈরি করে, আমাদের বিশ্বাসকে আরও দৃঢ় এবং শুদ্ধ করে তোলে।

(গ) ঈশ্বরের প্রতিশ্রুতির বাস্তবায়নঃ-

বাইবেল শিক্ষা দেয় যে, যারা ধৈর্য ধরে ঈশ্বরের অপেক্ষা করে, তারা তাঁর প্রতিশ্রুতির বাস্তবায়ন দেখে।

ইব্রীয় ৬ অধ্যায় ১৫ পদে অব্রাহামের উদ্দেশ্যে বলা হয়েছে –

"আর এইরূপে দীর্ঘসহিষ্ণুতা করিয়া তিনি প্রতিজ্ঞা প্রাপ্ত হইলেন।"

আব্রাহাম ঈশ্বরের প্রতিশ্রুতির অপেক্ষায় ধৈর্য ধরে ছিলেন, এবং আমরা জারা বাইবেল অধ্যয়ন করি, তারা জানি যে শেষ পর্যন্ত ঈশ্বর তাঁকে আশীর্বাদ করেছিলেন।

অব্রাহামের জীবন আমাদের জন্য একটি শক্তিশালী উদাহরণ। ঈশ্বর প্রতিশ্রুতি দিয়েছিলেন যে, তিনি একটি মহান জাতির পিতা হবেন, কিন্তু এই প্রতিশ্রুতি বাস্তবায়িত হতে অনেক বছর সময় নিয়েছিল। অব্রাহামের জীবনে অনেক সংগ্রাম এসেছিল, কিন্তু তিনি ঈশ্বরের উপর তার আস্থা এবং বিশ্বাস বজায় রেখেছিলেন। এই ঘটনাটি আমাদের শিক্ষা দেয় যে, ঈশ্বরের পরিকল্পনা আমাদের সময়ের সীমা বা মানসিকতার বাইরে। তাঁর সময়ের সাথে আমাদের সময়ের ব্যবধান থাকতে পারে, কিন্তু তাঁর প্রতিশ্রুতি কখনও ব্যর্থ হয় না। যখন আমরা ঈশ্বরের প্রতিশ্রুতি পূর্ণরূপে বিশ্বাস করি এবং ধৈর্য ধারণ করি, তখন আমাদের জীবনেও একইভাবে তাঁর প্রতিশ্রুতি পূর্ণ হবে।

আমরা যখন ঈশ্বরের প্রতিশ্রুতির অপেক্ষা করি, তখন আমাদের শুধু ধৈর্যই নয়, বরং আমাদের বিশ্বাসও পরীক্ষিত হয়। ঈশ্বর আমাদের প্রতিশ্রুতি দিতে পারেন, কিন্তু আমাদের জীবনে সেই প্রতিশ্রুতি পূর্ণ হবার জন্য প্রচুর পরিমাণে ধৈর্য ধারণ করতে হয়। এই ধৈর্য আমাদের আত্মীক উন্নতি এবং ঈশ্বরের ইচ্ছার প্রতি পূর্ণ আত্মসমর্পণের একটি প্রকাশ। ঈশ্বর তাঁর নির্দিষ্ট সময়ে এবং তাঁর পরিকল্পনা অনুযায়ী আমাদের প্রতিশ্রুতি পূর্ণ করেন। অতএব, যখন আমরা ঈশ্বরের প্রতিশ্রুতি পূর্ণ হওয়ার জন্য অপেক্ষা করি, তখন আমাদের ধৈর্য এবং বিশ্বাস ঈশ্বরের পরিকল্পনা ও সময় অনুযায়ী পূর্ণতা লাভ করে। অব্রাহামের মতো, আমাদেরও দীর্ঘসহিষ্ণুতা এবং ঈশ্বরের উপর আস্থা রেখে

ধৈর্য ধারণ করতে হবে, কারণ তাঁর প্রতিশ্রুতি নিশ্চিতভাবে বাস্তবায়িত হবে।

(ঘ) শয়তানের বিরুদ্ধে বিজয়ঃ–

জাগতিক প্রতিকূলতায় ধৈর্য আমাদের আত্মিক যুদ্ধের সময় শয়তানের প্রতারণা এবং আক্রমণের বিরুদ্ধে বিজয়ী করে।

১ পিতর ৫ অধ্যায় ৮ থেকে ৯ পদে লেখা আছে –

"তোমরা প্রবুদ্ধ হও, জাগিয়া থাক; তোমাদের বিপক্ষ দিয়াবল, গর্জ্জনকারী সিংহের ন্যায়, কাহাকে গ্রাস করিবে, তাহার অন্বেষণ করিয়া বেড়াইতেছে। ৯তোমরা বিশ্বাসে অটল থাকিয়া তাহার প্রতিরোধ কর; তোমরা জান, জগতে অবস্থিত তোমাদের ভ্রাতৃবর্গেও সেই প্রকার নানা দুঃখভোগ সম্পন্ন হইতেছে।"

এখানে প্রেরিত পিতর আমাদের সতর্ক করে দিচ্ছেন যে, শয়তান আমাদের জীবনকে ধ্বংস করার জন্য প্রতিনিয়ত কাজ করে চলেছে, যেমন গর্জনকারী সিংহ তার শিকারকে খুঁজে বেড়ায়। তবে তিনি এই শিক্ষাও দিয়েছেন যে, আমাদের শয়তানকে ভয় করলে চলবে না, বরং বিশ্বাসে অটল থেকে তার বিরুদ্ধে প্রতিরোধ করতে হবে। এই প্রতিরোধে ধৈর্য গুরুত্বপূর্ণ ভূমিকা পালন করে। যখন আমরা ধৈর্য সহকারে ঈশ্বরের উপর বিশ্বাস রেখে শয়তানের আক্রমণের মোকাবেলা করি, তখন আমরা তার বিরুদ্ধে জয়ী হতে পারি।

পিতর এখানে আরও বললেন যে, শয়তানের আক্রমণ শুধু আমাদের উপরই নয়, পৃথিবীজুড়ে ঈশ্বরের সমস্ত লোকদেরই

প্রভাবিত করে। তবে, আমাদের নিশ্চিত করা উচিত যে, আমরা একা নই, আমাদের বিশ্বাসী ভাই-বোনেরা তাদের জীবনেও একই ধরনের সংগ্রাম ও সংঘর্ষের সম্মুখীন হচ্ছে। এই চিন্তা আমাদের সাহস যোগায়, কারণ আমরা জানি যে, অন্যান্য বিশ্বাসীরা যেমন শয়তানের আক্রমণের শিকার, তেমনই আমরা যদি ঈশ্বরের দিকে দৃষ্টি রাখি এবং বিশ্বাসে অটল থাকি, তাহলে আমরা অবশ্যই শয়তানকে পরাজিত করতে সক্ষম হবো। যখন আমরা প্রতিকূলতার মধ্যে ধৈর্য ধরে ঈশ্বরের প্রতি আস্থা রাখি, তখন শয়তান তার সকল আক্রমণেও আমাদের কিছু করতে পারে না। কারণ ঈশ্বরের শক্তি এবং আমাদের বিশ্বাসের মাধ্যমে আমরা শয়তানের সমস্ত কৌশল এবং আক্রমণকে প্রতিহত

করতে পারি। অতএব, আমাদের জীবনে প্রতিটি দুঃখ, কষ্ট এবং প্রতিকূলতার মধ্যে যদি আমরা ধৈর্য ধারণ করি, ঈশ্বরের প্রতি আস্থা রাখি, এবং শয়তানের বিরুদ্ধে ঈশ্বরের শক্তি নিজেদের হৃদয়ে গ্রহণ করে দাঁড়িয়ে থাকি, তবে শয়তানের বিরুদ্ধে আমাদের বিজয় নিশ্চিত হবে।

(৩) ধৈর্যের দ্বারা ঈশ্বরের নিকটবর্তী হওয়াঃ-

ধৈর্যের মাধ্যমে আমরা ঈশ্বরের সঙ্গে গভীর সম্পর্ক গড়ে তুলতে পারি।

রোমীয় ৫ অধ্যায় ৩ থেকে ৪ পদে বলা হয়েছে –

"...কিন্তু নানাবিধ ক্লেশেও শ্লাঘা করিতেছি, কারণ আমরা জানি, ক্লেশ ধৈর্যকে, ধৈর্য

পরীক্ষাসিদ্ধতাকে এবং পরীক্ষাসিদ্ধতা প্রত্যাশাকে উৎপন্ন করে;..."

এখানে প্রেরিত পৌল আমাদের শিক্ষা দিয়েছেন যে, ক্লেশ বা দুঃখ আমাদের জীবনে একটি প্রয়োজনীয় উপাদান— এটি আমাদের ধৈর্য বৃদ্ধি করে, যা পরবর্তীতে আমাদের আত্মীক পরিপক্কতা এবং ঈশ্বরের প্রতি আমাদের আস্থা বৃদ্ধি করে। এই যাত্রায়, যখন আমরা আমাদের বিশ্বাসের পরীক্ষার মধ্যে দিয়ে এগিয়ে যাই, তখন তা ঈশ্বরের সঙ্গে আমাদের সম্পর্ককে আরও গভীর এবং শক্তিশালী করে তোলে। ধৈর্য হল এক ধরনের অভ্যন্তরীণ শক্তি, যা আমাদের ঈশ্বরের পরিকল্পনার প্রতি সম্মান এবং আস্থা রেখে অপেক্ষা করার শক্তি প্রদান করে। যখন আমাদের জীবনে ক্লেশ বা কষ্ট আসে,

তখন ধৈর্য্য আমাদের সাহায্য করে। সেই ক্লেশ আমাদের শুধুমাত্র মানসিক বা শারীরিকভাবে শক্তিশালী করে না, বরং এটি আমাদের আধ্যাত্মিকভাবে ঈশ্বরের সাথে আরও নিবিড় সম্পর্ক স্থাপন করতে সহায়তা করে।

ধৈর্যশীল ব্যক্তিরা কখনোই ঈশ্বরের সাথে বিচ্ছিন্ন হন না, বরং তারা জানেন যে, ঈশ্বর তাদের জীবনের প্রতিটি মুহূর্তে রয়েছেন এবং তাদের প্রয়োজনের সময় যথাযথভাবেই তাঁর সাহায্য আসবে। যখন আমরা প্রতিদিন ধৈর্য ধরে ঈশ্বরের পরিকল্পনা গ্রহণ করি, তখন আমাদের সম্পর্ক তাঁর সঙ্গে আরও দৃঢ় হয়, যেমনটা এই পুস্তকে আমি বহুবার উল্লেখ করেছি। যখন আমরা ধৈর্য ধারণ করে ঈশ্বরের সাথে সম্পর্ক গড়ি, তখন তা শুধুমাত্র

আমাদের নিজেদের জীবনে নয়, বরং আমাদের আশেপাশের মানুষদের কাছেও ঈশ্বরের মহিমা প্রকাশিত করে। ধৈর্যের পুরস্কার অনন্য এবং চিরস্থায়ী। যারা ঈশ্বরের কাছে ধৈর্য ধরে অপেক্ষা করে, তারা তাঁর কাছ থেকে নতুন শক্তি, আত্মীক পরিপক্বতা, আশীর্বাদ এবং চিরস্থায়ী বিজয় লাভ করে। খ্রীষ্ট বিশ্বাসীদের জীবনযাত্রায় ধৈর্য কেবল একটি গুণ নয়, বরং ঈশ্বরের প্রতি গভীর বিশ্বাস ও আনুগত্যের প্রতিফলন।

অধ্যায় ৮

বিশ্বাসে স্থির থাকার চূড়ান্ত নির্দেশনা

৪.১. দৈনন্দিন জীবনে বিশ্বাস বজায় রাখার উপায়ঃ-

বিশ্বাস বজায় রাখা খ্রীষ্টীয় জীবনের একটি গুরুত্বপূর্ণ অংশ। প্রতিদিনের চ্যালেঞ্জ বা সংগ্রাম, প্রলোভন এবং কঠিন পরিস্থিতির মধ্যেও ঈশ্বরে আস্থাশীল থাকা আমাদের আত্মীকভাবে শক্তিশালী রাখে। ঈশ্বরের সঙ্গে একটি গভীর সম্পর্ক এবং আধ্যাত্মিক চর্চা আমাদের জীবনের অমূল্য রত্ন, যা আমাদের বিশ্বাসকে আরও দৃঢ় ও স্থায়ী করে তোলে। যীশু নিজেই তাঁর মেষদের প্রতি গভীর প্রেম ও যত্ন প্রদান করেছিলেন, এবং তিনি আমাদেরকে তাঁর মতো জীবনযাপন করতে শিখিয়েছেন। তবে দুঃখের বিষয় এটাই যে, র্তমান সময়ে অনেক পালকগণ, যাঁরা ঈশ্বরের

গুণাবলী এবং উদ্দেশ্যের প্রতিনিধি হিসেবে দায়িত্ব পালন করেন, তারা যীশুর মতো তাঁদের মেষদের সঠিক তত্ত্বাবধান করছেন না। যার কারণে ঈশ্বরের মেষগণ একদিন তাঁর নিকটে আসা সত্ত্বেও তত্ত্বাবধানের অভাবে জগতের মধ্যেই পুনরায় হারিয়ে যাচ্ছে। ঈশ্বরের মেষগণের জন্য সঠিক তত্ত্বাবধান এবং আধ্যাত্মিক পরিচালনা অত্যন্ত গুরুত্বপূর্ণ, কারণ মেষরা একে অপরের সাহায্য ছাড়া পথভ্রষ্ট হতে পারে। যীশু তাঁর অনুসারীদের জন্য এক আদর্শ পালক ছিলেন, যিনি তাদের কষ্টের সময় আশ্রয় দিয়েছিলেন, জীবনের পথ প্রদর্শন করেছিলেন এবং তাদের আত্মীকভাবে সঠিক পথে পরিচালিত করতেন। কিন্তু বর্তমানে, অনেক পালক বা ধর্মীয় নেতাগণ সঠিকভাবে যীশুর মত তাঁর

মেষদের তত্ত্বাবধান করছেন না, ফলে তারা পথভ্রষ্ট হয়ে জগতের প্রলোভনগুলির দিকে এগিয়ে যাচ্ছে। ঈশ্বরের মেষদের তত্ত্বাবধানের ক্ষেত্রে শুধুমাত্র বাইবেল পাঠ বা ধর্মীয় অনুষ্ঠানে অংশগ্রহণ নয়, বরং তাদের প্রতি আসল মমতা, সহানুভূতি এবং সত্যিকার জীবনযাপনের দৃষ্টান্ত স্থাপন করা প্রয়োজন।

বিশ্বাসী জীবনকে সুসংগঠিত রাখার জন্য ঈশ্বরের সঙ্গে ঘনিষ্ঠ সম্পর্ক এবং ধারাবাহিক আধ্যাত্মিক চর্চা অপরিহার্য। আমাদের সবার উচিত, নিজ নিজ আধ্যাত্মিক জীবনে সতর্কতা অবলম্বন করা, প্রতিদিনের জীবনযাত্রায় ঈশ্বরের আদর্শ অনুসরণ করা এবং সর্বদা ঈশ্বরের নির্দেশনা অনুযায়ী চলা। আমাদের উচিত এই একই শিক্ষা দ্বারা অন্য মেষদেরকেও শিক্ষিত করে তোলা। তবেই,

আমাদের এবং তাদের বিশ্বাস দৃঢ় থাকবে এবং আমরা একসাথে ঈশ্বরের পথে চলতে সক্ষম হবো।

৪.২. বিশ্বাসে স্থির থাকার অর্থ ও গুরুত্ব:-

বিশ্বাসে স্থির থাকার অর্থ হল, ঈশ্বরের প্রতি পূর্ণ আস্থা রাখা, এমনকি যখন আমাদের চারপাশে সঙ্কট বা বিপদ থাকে। বাইবেল আমাদের শিক্ষা দেয় যে, বিশ্বাসে স্থির থাকা আমাদের আত্মীক শক্তি এবং যীশুর ক্রুশীয় বলিদানের উপর আস্থা বজায় রাখার জন্য অপরিহার্য। যীশু খ্রীষ্ট নিজেও আমাদের শিক্ষা দিয়েছেন, যেন আমরা আমাদের বিশ্বাসকে দৃঢ় রাখি এবং স্থিতিশীল রাখি, যাতে কোনও প্রতিকূলতা আমাদের ঈশ্বরের উপর

বিশ্বাসকে টলাতে না পারে। বিশ্বাসে স্থির থাকা আমাদের আধ্যাত্মিক উন্নতির জন্য গুরুত্বপূর্ণ, কারণ এটি আমাদের ঈশ্বরের প্রতি নির্ভরশীলতা এবং ভালোবাসা প্রকাশ করে। বিশ্বাসে স্থির থাকার ফলে আমাদের দৈনন্দিন জীবনে ঈশ্বরের উপস্থিতি অনুভব করা যায়, যা আমাদের জীবনের সিদ্ধান্ত এবং কর্মের সাথে মিলিত হয়ে আমাদের উদ্দেশ্য পূরণের দিকে পরিচালিত করে। এই বিশ্বাসের দৃঢ়তা, শুধু আমাদের জীবনে শান্তি এবং আনন্দ এনে দেয় না, বরং এটি আমাদের আশেপাশের মানুষদেরও প্রেরণা যোগায়। আমরা যদি ঈশ্বরের প্রতি আমাদের বিশ্বাসে স্থির থাকি, তবে অন্যরা আমাদেরকে উদাহরণ দেখে, যার কারনে ঈশ্বরের উপর তাদের বিশ্বাস আরও গভীর হতে পারে।

৪.৩. বিশ্বাসে স্থির থাকার নির্দেশনাঃ-

বাইবেল বিভিন্ন স্থানে বিশ্বাসে স্থির থাকার চূড়ান্ত নির্দেশনা প্রদান করেছে। নিম্নে কিছু গুরুত্বপূর্ণ বাইবেল পদের বিশ্লেষণ দেওয়া হল, যা আমাদের বিশ্বাসে স্থির থাকার বিষয়ে চূড়ান্ত নির্দেশনা প্রদান করে।

(ক) ইব্রীয় ১০ অধ্যায় ২৩ পদঃ-

এই পদে লেখা রয়েছে –

"আইস, আমাদের প্রত্যাশার অঙ্গীকার অটল করিয়া ধরি, কেননা যিনি প্রতিজ্ঞা করিয়াছেন, তিনি বিশ্বস্ত;"

প্রেরিত পৌল এই পদে আমাদের শিক্ষা দিয়েছেন যে, ঈশ্বরের প্রতিশ্রুতিই হল আমাদের বিশ্বাসের ভিত্তি। ঈশ্বর কখনও তাঁর

দেওয়া প্রতিশ্রুতি ভঙ্গ করেন না, তাই যেহেতু তিনি বিশ্বস্ত, সেহেতু আমাদের তাঁর প্রতি বিশ্বাসে স্থির থাকা উচিত। যখন আমাদের সামনে সমস্যার পাহাড় দাঁড়িয়ে থাকে, তখন এই কথা মনে রাখতে হবে যে, ঈশ্বরের প্রতিশ্রুতি পূর্ণ হবে, এবং আমাদের তা বিশ্বাসে গ্রহণ করতে হবে।

(খ) যোহন ১৪ অধ্যায় ১ পদঃ-

এই পদে প্রভু যীশু বলেছেন –

"তোমাদের হৃদয় উদ্বিগ্ন না হউক; ঈশ্বরে বিশ্বাস কর, আমাতেও বিশ্বাস কর।"

প্রভু যীশু এই পদে আমাদের নির্দেশ দিয়েছেন যে, বিশ্বাসে স্থির থাকতে হলে, আমাদের ঈশ্বরের প্রতি এবং যীশুর প্রতি

বিশ্বাস রাখতে হবে। যীশু জানিয়ে দিয়েছেন যে, তাঁর প্রতি বিশ্বাস রাখলেই আমরা শান্তি এবং স্থিরতা পেতে পারি, যেটি আমাদের জীবনের সকল দুঃখ-কষ্ট ও বিপদে সহায়ক হবে।

(গ) ২ করিন্থীয় ৫ অধ্যায় ৭ পদঃ-

প্রেরিত পৌল এই পদে বলেছেন –

"কেননা আমরা বিশ্বাস দ্বারা চলি, বাহ্য দৃশ্য দ্বারা নয়।"

তিনি বলেন যে, বিশ্বাসে স্থির থাকার জন্য আমাদের দৃশ্যমান জগত বা পরিস্থিতির উপর নির্ভর না করে ঈশ্বরের বাক্য ও প্রতিশ্রুতির প্রতি বিশ্বাস রাখতে হবে। আমাদের বিশ্বাস দৃঢ় রাখতে হবে, যদিও আমাদের সামনে

দৃশ্যমানভাবে কিছুই সঠিক না মনে হয়। ঈশ্বরের প্রতিশ্রুতি ও আশ্বাসে স্থির থাকলে আমরা জগতের সমস্ত কষ্ট ও প্রতিকূলতা পার করতে সক্ষম হব।

(ঘ) যাকোব ১ অধ্যায় ৬ থেকে ৮ পদঃ-

এখানে লেখা রয়েছে –

"কিন্তু সে বিশ্বাসপূর্ব্বক যাচ্ঞা করুক কিছু সন্দেহ না করুক; কেননা যে সন্দেহ করে, সে বায়ুতাড়িত বিলোড়িত সমুদ্র-তরঙ্গের তুল্য। সেই ব্যক্তি যে প্রভুর নিকটে কিছু পাইবে, এমন বোধ না করুক; সে দ্বিমনা লোক, আপনার সকল পথে অস্থির"

এই পদগুলিতে যাকোব আমাদের সতর্ক করেছেন যে, বিশ্বাসে দ্বিধা না করা অত্যন্ত

গুরুত্বপূর্ণ। দ্বিধা আমাদের বিশ্বাসে অস্থিরতা সৃষ্টি করে, যা আমাদের ঈশ্বরের প্রতিশ্রুতি থেকে বিচ্যুত করে ফেলতে পারে। বিশ্বাসে স্থির থাকার জন্য আমাদের মনে অবশ্যই দৃঢ় সংকল্প থাকতে হবে, যেন কোনও পরিস্থিতিই আমাদের বিশ্বাসকে না নড়াতে পারে।

৮.৪. বিশ্বাসে স্থির থাকার জন্য পরামর্শঃ-

এখন, আমরা কীভাবে বিশ্বাসে স্থির থাকতে পারি, তা নিয়ে কিছু কার্যকরী পরামর্শ আলোচনা করতে চলেছি। অতএব নিম্নলিখিত আলোচ্য বিষয়গুলি অনুসরণ করুন।

(ক) ঈশ্বরের প্রতি আস্থা বৃদ্ধি করুনঃ-

বাইবেল আমাদের শিক্ষা দেয় যে, ঈশ্বরের প্রতি আস্থা রাখা আমাদের বিশ্বাসকে দৃঢ় করে।

যিশাইয় ৪০ এর গীত ৩১ পদে বলা হয়েছে –

"কিন্তু যাহারা সদাপ্রভুর অপেক্ষা করে, তাহারা উত্তরোত্তর নূতন শক্তি পাইবে; তাহারা ঈগল পক্ষীর ন্যায় পক্ষসহকারে ঊর্দ্ধে উঠিবে; তাহারা দৌড়িলে শ্রান্ত হইবে না; তাহারা গমন করিলে ক্লান্ত হইবে না।"

এই পদটি এই পুস্তকে আমি ইতিপূর্বেও উল্লেখ করেছি, যেখানে ঈগল পাখির উদাহরণটি সংক্ষিপ্তভাবে ব্যাখ্যা দেওয়া হয়েছে। ঈগল পাখির উদাহরণটি বিশেষভাবে নির্বাচিত, কারণ ঈগল পাখি আকাশের উচ্চে

উড়তে সক্ষম, এবং সেই উড্ডয়ন তার শক্তি ও সহ্যশক্তি প্রদর্শন করে। এই পদটি বিশ্বাসীদের জন্য এক প্রকার আশ্বাস প্রদান করে যে, তারা যদি ঈশ্বরের উপর নির্ভরশীল থাকে, তবে কখনোই তারা ক্লান্ত বা নিঃসঙ্গ বোধ করবে না। এই আশ্বাস আমাদের জীবনের প্রতিদিনের সংগ্রাম ও চাপের মধ্যে শান্তি এবং শক্তি প্রদান করে। আমরা যদি তাঁর দিকে আমাদের দৃষ্টি নিবদ্ধ রাখি, তবে আমরা নিরন্তর শক্তি ও ধৈর্যের সাথে সামনে এগিয়ে যেতে সক্ষম হয়ে উঠবো।

(খ) ঈশ্বরের প্রতিশ্রুতি স্মরণ করুনঃ-

ঈশ্বরের প্রতিশ্রুতি আমাদের দৃঢ় বিশ্বাসের ভিত্তি। যখন আমরা কঠিন পরিস্থিতিতে থাকি, তখন আমাদের উচিত ঈশ্বরের প্রতিশ্রুতিগুলি

স্মরণ করা এবং বিশ্বাসের সাথে তাঁর উপর ভরসা রাখা।

রোমীয় ৮ অধ্যায় ২৮ পদে বলা হয়েছে –

"আর আমরা জানি, যাহারা ঈশ্বরকে প্রেম করে, যাহারা তাঁহার সঙ্কল্প অনুসারে আহূত, তাহাদের পক্ষে সকলই মঙ্গলার্থে একসঙ্গে কার্য্য করিতেছে।"

এই পদটি আমাদের শিক্ষা দিচ্ছে যে, ঈশ্বরের পরিকল্পনা আমাদের জন্য সর্বদা ভালো এবং মঙ্গলজনক। কখনও কখনও আমাদের মনে হতে পারে যে, আমরা বিপদে আছি বা কিছু হারিয়ে ফেলেছি, কিন্তু ঈশ্বরের পরিকল্পনায় আমরা যা কিছু হারিয়ে ফেলি, তার চেয়েও উত্তম কিছু লাভ করি। তাঁর প্রতিশ্রুতিগুলি আমাদের কাছে জ্যোতির

মতো, যা অন্ধকারে আমাদের পথ প্রদর্শন করে। ঈশ্বরের প্রতি বিশ্বাস স্থাপন করলে, আমরা নিশ্চিত থাকতে পারি যে তিনি আমাদের জীবনের সমস্ত ঘটনার মধ্যে একটি বৃহত্তর উদ্দেশ্য পূর্ণ করছেন।

(গ) প্রার্থনার সহিত ধন্যবাদ ও কৃতজ্ঞতা প্রকাশ করুনঃ-

প্রার্থনা এবং ধন্যবাদ আমাদের ঈশ্বরের সাথে সম্পর্ক স্থাপন করার এক গুরুত্বপূর্ণ উপায়। বাইবেল বলে, ঈশ্বরের কাছে প্রার্থনা করলে আমরা আভ্যন্তরীণ শক্তি লাভ করি এবং তাঁর সাহায্য লাভ করি।

ফিলিপীয় ৪ অধ্যায় ৬ থেকে ৭ পদে বলা হয়েছে –

"কোন বিষয়ে ভাবিত হইও না, কিন্তু সর্ব্ববিষয়ে প্রার্থনা ও বিনতি দ্বারা ধন্যবাদ সহকারে তোমাদের যাচ্ঞা সকল ঈশ্বরকে জ্ঞাত কর। তাহাতে সমস্ত চিন্তার অতীত যে ঈশ্বরের শান্তি, তাহা তোমাদের হৃদয় ও মন খ্রীষ্ট যীশুতে রক্ষা করিবে।"

এই পদটি আমাদের শিক্ষা দেয় যে, আমাদের দুশ্চিন্তা এবং উদ্বেগগুলিকে প্রার্থনার দ্বারা ঈশ্বরের কাছে সমর্পণ করতে হবে, এবং তাঁর কাছে বিনতি সহকারে নিবেদন করতে হবে। যখন আমরা ঈশ্বরের কাছে আমাদের সমস্ত কষ্ট এবং চিন্তা প্রকাশ করি, তখন তিনি আমাদের মন এবং হৃদয়ে শান্তি প্রদান করেন, যা সব ধরনের চিন্তা এবং উদ্বেগের ঊর্ধ্বে থাকে। প্রার্থনার মাধ্যমে আমরা ঈশ্বরের কাছে আমাদের প্রয়োজনীয়তা প্রকাশ

করি এবং একই সঙ্গে ধন্যবাদের সহিত আমরা তাঁকে আমাদের কৃতজ্ঞতা জানাই। ধন্যবাদ সহকারে প্রার্থনা করার মাধ্যমে আমাদের বিশ্বাস বৃদ্ধি পায়, এবং আমরা ঈশ্বরের ভালোবাসা এবং কৃপাকে আরও গভীরভাবে অনুভব করি। এই প্রার্থনা শুধুমাত্র আমাদের জীবনের পরিস্থিতি পরিবর্তন করতে সাহায্য করে না, বরং আমাদের আত্মা এবং মনকে শান্ত করে। ঈশ্বরের শান্তি আমাদের সব ধরনের উদ্বেগ, হতাশা এবং দুশ্চিন্তা থেকে মুক্তি দান করে, এবং এটি আমাদের হৃদয়ে এবং মনে এক গভীর নিরাপত্তা সৃষ্টি করে যা যীশু খ্রীষ্টের মধ্যে আমাদের অবস্থানকে দৃঢ় করে।

৪.৫. চূড়ান্ত আহ্বান:-

কোনও পরিস্থিতিই যীশুর প্রতি আমাদের বিশ্বাসকে টলাতে পারে না যদি আমরা ঈশ্বরে গভীরভাবে শিকড়স্থ থাকি। জীবনের ঝড়-ঝঞ্ঝা, দুঃখ-কষ্ট বা প্রতিকূলতা আমাদের বিশ্বাসের পরীক্ষা নিতে পারে, কিন্তু যারা ঈশ্বরে স্থির থাকে, তারা কখনোই পরাজিত হয় না। কঠিন সময়ে আমরা যদি আমাদের সমস্ত বোঝা যীশুর কাছে নিয়ে আসি, তবে তিনি আমাদের শক্তি এবং শান্তি প্রদান করবেন।

মথি ১১ অধ্যায় ২৮ পদে প্রভু যীশু নিজেই বলেছেন –

"হে পরিশ্রান্ত ও ভারাক্রান্ত লোক সকল, আমার নিকটে আইস, আমি তোমাদিগকে বিশ্রাম দিব।"

এই প্রতিশ্রুতি আমাদের মনে করিয়ে দেয় যে জীবনের প্রতিটি পরিস্থিতিতে যীশুর কাছে যাওয়াই আমাদের মুক্তির পথ। বিশ্বাসীদের প্রতি আহ্বান হল— কোনও অবস্থাতেই ঈশ্বরের প্রতি আস্থা হারালে চলবে না। তাঁর প্রেম, করুণা এবং শক্তি কখনও ব্যর্থ হয় না। এই বিশ্বাস যদি আমাদের মধ্যে গভীরভাবে গেঁথে যায়, তাহলে আমাদের জীবন হয়ে উঠবে সেই "জলস্রোতের তীরে রোপিত বৃক্ষের সদৃশ।" যেমনটা গীতসংহিতা ১ অধ্যায় ৩ পদে লেখা আছে –

"সে জলস্রোতের তীরে রোপিত বৃক্ষের সদৃশ হইবে, যাহা যথাসময়ে ফল দেয়, যাহার পত্র

এই পদ আমাদের দেখায় যে, যে ব্যক্তি ঈশ্বরের বাক্যে শিকড়স্থ, তার জীবন ফলদায়ী হয়— উৎপাদনশীল, স্থির এবং কৃতকার্য। সেই ব্যক্তি সময়মতো ফল দেয়, অর্থাৎ তার জীবনে ঈশ্বরের পরিকল্পনা অনুযায়ী সঠিক সময়ে আশীর্বাদ ও ফল আসে। এমন মানুষের মন কখনও ভেঙে পড়ে না, কারণ সে জানে কে তার উৎস এবং কে তার শক্তি। অতএব, আমাদের প্রয়োজন— শুধু ক্ষণিকের আবেগ নয়, বরং প্রতিদিনের চর্চায় ঈশ্বরের সাথে সম্পর্ক গড়ে তোলা। যীশুর সন্নিকট আসার অর্থ হচ্ছে, আমাদের চিন্তা-ভবনা, দুশ্চিন্তা ও ক্লান্তি সব কিছু তাঁর চরণতলে সমর্পণ করা। আর সেই জায়গা

থেকেই শুরু হয় আসল বিশ্রাম— যা শুধুমাত্র দেহ নয়, আত্মাকেও শান্তি প্রদান করে।

৪.৬. শেষ কথা:-

বিশ্বাসে স্থির থাকা শুধুমাত্র একটি আদর্শ নয়, বরং এটি একটি দৈনন্দিন অভ্যাস যা আমাদের আধ্যাত্মিক জীবনের ভিত্তি গঠন করে। বাইবেল আমাদের শিক্ষা দেয় যে, ঈশ্বরের প্রতি পূর্ণ আস্থা রাখা, তাঁর প্রতিশ্রুতিগুলি স্মরণ করা, এবং ধৈর্য ধারণ করে তাঁর পরিকল্পনায় বিশ্বাস রাখা আমাদের বিশ্বাসে স্থির থাকার মূল উপায়। জীবনের বিভিন্ন পরীক্ষায়, ঈশ্বর আমাদের সঙ্গী এবং সহায়। অতএব, বিশ্বাসে স্থির থাকতে হলে আমাদের উচিত ঈশ্বরের প্রতি দৃঢ় আস্থা রাখা, তাঁর প্রতিশ্রুতিগুলির উপর সম্পূর্ণ

বিশ্বাস রাখা এবং তাঁর সাথে গভীর সম্পর্ক স্থাপন করা। ঈশ্বরের প্রতিশ্রুতিতে বিশ্বাস রাখলে, আমরা কখনোই জীবনে চলার পথে ভ্রান্ত পথের দিকে এগিয়ে যাব না, বরং ঈশ্বরের দ্বারা বিজয়ী হয়ে উঠবো।

ইব্রীয় ১১ অধ্যায় ১ পদ বলে –

"আর বিশ্বাস প্রত্যাশিত বিষয়ের নিশ্চয়জ্ঞান, অদৃশ্য বিষয়ের প্রমাণ প্রাপ্তি।"

বিশ্বাস হল এমন এক দৃঢ় আত্মবিশ্বাস যা ঈশ্বরের প্রতিশ্রুতিগুলি পূর্ণ হবে বলে আমাদের নিশ্চিত করে তোলে।

বিশ্বাস মানে অদেখা বিষয়েও এমনভাবে জীবন যাপন করা, যেন তা নিশ্চিতভাবেই সত্য।

একটি উদাহরণ:- ধরুন কেউ একটি গুরুত্বপূর্ণ চিঠি আপনাকে ডাকযোগে বা কুরিয়ারে পাঠিয়েছে। আপনি এখনও চিঠিটি হাতে পাননি, কিন্তু তবুও আপনি বিশ্বাস করছেন যে তা আপনার কাছে পৌঁছাবে। আপনি চিঠিটি না দেখেও প্রস্তুতি নিতে থাকেন সেটিকে প্রাপ্ত হয়ার— আর এটিই হল বিশ্বাস। ঠিক তেমনই, ঈশ্বর যে সমস্ত প্রতিশ্রুতিগুলি দিয়েছেন— সেগুলি এই মুহূর্তে চোখে না দেখা গেলেও, আমরা যেন তাতে স্থির থাকি এবং সেই অনুযায়ী জীবন যাপন করি, কারণ তিনি বিশ্বস্ত (ইব্রীয় ১০:২৩)।

____

লেখকের সাক্ষ্য

সকলকে জয় যীশু, আমার নাম – ভাস্কর বসাক। একজন খ্রীষ্ট বিশ্বাসী হিসেবে আমি ঈশ্বরের অনুগ্রহ প্রাপ্ত ব্যক্তি, ঈশ্বরের বাক্য প্রচার করার যোগ্য আমি ছিলাম না, কিন্তু ঈশ্বর নিজেই তাঁর দয়া ও অনুগ্রহ অনুসারে আমাকে সেই যোগ্যতা প্রদান করেছেন। বাইবেলের বাক্যানুসারে খ্রীষ্ট বিশ্বাসীদের জীবনে Persecution তো আসবেই, আমার

জীবনেও এসেছে এবং ভবিষ্যতেও আসবে। আমি একটি সম্পূর্ণ হিন্দু পাড়ার মধ্যে বসবাস করি এবং একটি হিন্দু পরিবারেই আমার জন্ম। ছোটোবেলা থেকেই আমি গানবাজনা ভালবাসতাম, তাই আমার মা আমার দিদিমার সহায়তায় আমাকে বাজনা শেখার জন্য স্থানীয় মণ্ডলীর Evangelist কাকুর কাছে পাঠান, এবং আমার খুব উৎসাহ দেখে তিনি খুশি হতেন। গানবাজনার পাশাপাশি প্রত্যেক রবিবার আমি প্রার্থনা সভাতেও যোগ দিতাম, কিন্তু প্রভু যীশু কে ? সেটা আমি জানতাম না। যখন আমি বেশ ছোটো ছিলাম, তখন একবার একটা কাগজে একটা ছবি দেখে অবাক হয়েছিলাম। আপনারা জানেন কিসের ছবি ছিল ওটা? ওটা ছিল একটা ভয়ঙ্কর ছবি। ছবিতে দেখানো

হচ্ছে যে, একটা লোককে তার হাতে ও পায়ে পেরেক গেঁথে মারা হচ্ছে। আমি জানতাম না যে লোকটি কে, আর কেনই বা তাকে এরকম নৃশংসভাবে মারা হচ্ছে! সেই প্রশ্নের উত্তর আমি তখন পাইনি, কিন্তু আমি অনেক বছর পর সেটার উত্তর পেয়েছি বাইবেলে। আমি জানতে পেরেছি লোকটার নাম ও তাকে মারার কারণ। আপনারা জানেন তাঁর নাম কি? তাঁর নাম হল - যীশু খ্রীষ্ট। আপনারা জানেন তাঁর ওরকম নৃশংস ভাবে মৃত্যুর কারণ সম্বন্ধে??? তার মৃত্যুর কারণ হলাম - আমি ও আপনি (সমগ্র মানবজাতি)। তিনি আমাদের পাপার্থক বলি রূপে মৃত্যুবরণ করেছেন যেন আমরা পাপ থেকে উদ্ধার পাই, তিনি জাতি ধর্ম বর্ণ কিছুই বিবেচনা করেননি, তিনি সকলকেই প্রেমে আবদ্ধ

করেছেন, তাঁর রক্ত আমাদের দান করেছেন। যীশুর সম্পর্কে এই অভিজ্ঞতা হবার পর আমার মন তাঁর প্রতি ব্যাকুল হয়ে ওঠে। কিন্তু শত ব্যাকুলতা ও ভালোবাসা থাকা সত্ত্বেও আমি তাকে গ্রহণ করতে পারিনি সেই সময়ে, এর মাত্র দুটি কারণ ছিলো - **১. বিশ্বাসের পরিপূর্ণতার অভাব। ২. সমাজ, পাড়া-প্রতিবেশীর ভয়।** কিন্তু আমি ধীরে ধীরে বাইবেল অধ্যয়ন করার মধ্য দিয়ে ঈশ্বর ও প্রভু যীশুর প্রতি বিশ্বাসে দৃঢ় হতে থাকি, কিন্তু তবুও আমি তাকে সম্পূর্ণ রূপে গ্রহণ করতে পারিনি, যতদিন না আমার জীবনে তাঁর দ্বারা কোনো অলৌকিক ঘটেছে। আর সেই অলৌকিক ঘটনার দ্বারা ঈশ্বর আমাকে তাঁর পথে চালিত করেছেন। বিগত ২০১৭ সালের কথা, আমি একটি Network

Marketing Company-র সাথে যুক্ত ছিলাম, সেই কাজে আমাকে একদিন রাতে ট্রেনে চড়ে সাঁইথিয়া থেকে ধনিয়াখালি যেতে হয়েছিল। আর প্রথমবার আমি একা রাতের বেলায় একটি অচেনা জায়গাতে যাওয়ার জন্য প্রস্তুতি নিচ্ছিলাম প্রার্থনার মাধ্যমে ঈশ্বরের সাহায্য নিয়ে। যথারীতি ট্রেনে চড়ে যাচ্ছিলাম, কিন্তু আমার গন্তব্য স্টেশন চলে আসা সত্ত্বেও আমি বুঝতে পারিনি যে আমি পৌঁছে গেছি। হঠাৎ ট্রেন ছাড়ার সময় আমি বাইরে জানালা দিয়ে তাকাই, আর দেখতে পাই ধনিয়াখালি স্টেশন। আর সেই সময় আমি নির্বোধের মত চলন্ত ট্রেন থেকে ঝাঁপ দিই। আর ঈশ্বরকে অনেক ধন্যবাদ যে, ট্রেন থেকে প্লাটফর্মে পড়ে যাওয়া সত্ত্বেও আমার শরীরে একটিও আঁচড় তিনি লাগতে দেননি (অবশ্য আমার

পিঠে থাকা ব্যাগটি সামান্য ছিঁড়ে গিয়েছিল)। আমার পকেটে থাকা ফোনটি আমি খুঁজে পেয়েছিলাম রেল লাইনের মাঝখানে এবং ফোনের ব্যাটারি ফোন থেকে আলাদা হয়ে গিয়ে অনেকটা দূরে গিয়ে পড়েছিল। অবশেষে আমি আর. পি. এফের সহায়তায় ফোনটিকে হাতে পাই এবং আশ্চর্য হয়ে দেখি যে ফোনের ডিসপ্লে প্রটেক্টর ভেঙ্গে গেলেও ফোনের কোনও ক্ষতি হয়নি।

ঈশ্বরের বাক্যের প্রতিশ্রুতি অনুযায়ী সেই রাতে তিনি আমার জীবনকে রক্ষা করেছেন।

গীতসংহিতা ৯১ অধ্যায় ১১ থেকে ১২ পদে লেখা আছে –

"কারণ তিনি আপন দূতগণকে তোমার বিষয়ে আজ্ঞা দিবেন, যেন তাঁহারা তোমার

সমস্ত পথে তোমাকে রক্ষা করেন। তাঁহারা তোমাকে হস্তে করিয়া তুলিয়া লইবেন, পাছে তোমার চরণে প্রস্তরের আঘাত লাগে।"

সেই রাতে আমি আমার প্রাণ পুনরায় ফিরে পেয়ে সিদ্ধান্ত নিয়েছিলাম, যে যাই বলুক, আমি প্রভুকে সম্পূর্ণরূপে আমার জীবনে আহ্বান করতে চাই। আর বিগত ২০১৭ সালেই আমি বাপ্তিস্ম গ্রহণ করি। প্রভু যীশু আমাকে ভুল পথ থেকে বের হয়ে আসতে সাহায্য করেছেন, এবং তিনি আমাকে তাঁর পথে চলতে সাহায্য করে চলেছেন, প্রভু জানতেন যে, আমি যে কাজ করতাম, সেটি একজন খ্রীষ্ট বিশ্বাসী হিসেবে আমার জন্য উপযুক্ত ছিল না। আজ আমি খ্রীষ্টের সুসমাচার বাহক, তাঁর প্রেমকে প্রচার করতে আমি আর লজ্জাবোধ করি না, কারণ আমি

জানি আমি কাকে বিশ্বাস করি। সমাজের Persecution তো থাকবেই, তার মধ্য দিয়ে খ্রীষ্টের প্রেমের বানী প্রচার করাই আমার জীবনের মূল উদ্দশ্য হয়ে উঠেছে। আর মথি ২৮ অধ্যায় ১৯ থেকে ২০ পদে প্রভু যীশুর আদেশ –

"অতএব তোমরা গিয়া সমুদয় জাতিকে শিষ্য কর; পিতার ও পুত্রের ও পবিত্র আত্মার নামে তাহাদিগকে বাপ্তাইজ কর; আমি তোমাদিগকে যাহা যাহা আজ্ঞা করিয়াছি, সে সমস্ত পালন করিতে তাহাদিগকে শিক্ষা দেও। আর দেখ, আমিই যুগান্ত পর্য্যন্ত প্রতিদিন তোমাদের সঙ্গে সঙ্গে আছি।"

তাই সুসমাচার প্রচার করা আমাদের, অর্থাৎ প্রত্যেক খ্রীষ্ট বিশ্বাসীরই দায়িত্ব। আমি প্রভু

ঈশ্বরকে তাঁর মহানামে ধন্যবাদ জানাই, কারণ তিনি আমাকে ভ্রান্ত পথ থেকে রক্ষা করেছেন, আমাকে ভালোবেসেছেন, পরিত্রাণ দিয়েছেন, আমার পাপসকল ক্রুশীয় বলিদানের মাধ্যমে ক্ষমা করেছেন এবং অনন্ত জীবনের অধিকারী করেছেন।

১ যোহন ৪ অধ্যায় ১০ পদে লেখা আছে –

"ইহাতেই প্রেম আছে; আমরা যে ঈশ্বরকে প্রেম করিয়াছিলাম, তাহা নয়; কিন্তু তিনিই আমাদিগকে প্রেম করিলেন, এবং আপন পুত্রকে আমাদের পাপার্থক প্রায়শ্চিত্ত হইবার জন্য প্রেরণ করিলেন।"